거역된 삶과 순종의 삶

LIFE OF DISOBEDIENCE AND LIFE OF OBEDIENCE

주제설교모음 8_열재앙편

거역된 삶과 순종의 삶
LIFE OF DISOBEDIENCE AND LIFE OF OBEDIENCE

| 이재록 목사 |

우림

나 여호와가 말하노라
너희를 향한 나의 생각은 내가 아나니
재앙이 아니라 곧 평안이요
너희 장래에 소망을 주려 하는 생각이라

(예레미야 29:11)

들어가는 글

1863년 4월 30일, 남북전쟁이 절정에 이르렀을 때 미국의 16대 대통령 아브라함 링컨은 금식 기도의 날을 선포했습니다.

"오늘의 무서운 재앙은 선조들의 죄에 대한 형벌일 수도 있습니다. 우리는 계속적인 성공과 부요 속에서 너무 교만해져 있었습니다. 우리는 너무 자신만만한 나머지 우리를 창조하신 하나님께 기도하는 것을 잊고 지냈습니다. 이제는 겸손한 자세로 우리의 죄를 고백하고 하나님의 자비와 은혜를 빌어야 합니다. 이것이 미국 국민의 의무입니다."

미국인들은 위대한 지도자의 제안에 따라 이날 하루 동안 금식 기도를 드렸습니다. 링컨은 겸손히 하나님을 의뢰하여 아메리카합중국이 해체될 위기에서 나라를 구했습니다. 이처럼 모든 문제의 해답은 하나님 안에서 찾을 수 있습니다.

세기를 뛰어넘어 전도자들의 입을 통해 복음이 널리 전파되었지만 많은 사람들은 물질이나 권세 또는 과학 문명의 힘을 믿으며 하나님 말씀에 귀 기울이지 않습니다.

이런 가운데 생태계 파괴로 인한 이상 기온과 자연 재해가 도처에서 일어나고 있고, 비약적인 의학의 발달에도 불구하고 더욱 강력해진 신종 질병들이 늘어가고 있는 것이 현실입니다. 그러므로 하나님을 멀리하며 자신에 찬 고백을 하는 사람이라도 정작 내면의 삶을 들여다보면 대부분 근심과 고통, 가난 또는 질병이라는 단어를 빼고서는 이야기할 수가 없습니다.

건강을 자신하던 사람이 하루아침에 건강을 잃기도 하고 뜻하지 않은 일로 사랑하는 가족과 재산을 잃고 고통받기도 합니다. 그런가 하면 사업터, 일터에 크고 작은 어려움이 찾아오기도 하지요. "왜 하필 나에게 이런 일이 일어나야 하는가!" 하며 고통스럽게 절규해 보지만 도무지 벗어날 방법이 보이지 않습니다.

하나님을 믿는다 하는 사람 중에도 시험 환난을 당하는 이들이 종종 있습니다. 하나님을 믿는데 왜 어려움을 당하는지 알지 못한 채 원망하기도 합니다. 그러나 원인 없는 결과가 없듯이 모든 문제와 어려움의 이면에는 반드시 원인이 있게 마련입니다.

출애굽기에 기록된 애굽의 열 재앙과 유월절의 규례는 오늘날 전 세계의 모든 사람에게 총체적인 고통에서 벗어날 수 있는 해답을 제시합니다. 애굽은 영적으로 세상을 의미하므로 애굽에 내렸던 열 재앙의 교훈은 오늘날 전 세계 모든 사람들에게 해당이 됩니다. 그런데 역사적인 사실인 애굽의 열 재앙 안에 담긴 영적인 의미를 정확히 깨우치는 사람은 그리 많지 않습니다.

성경에 '열 재앙'이라고 명시해 놓은 것은 아니므로 경우에 따라 열한 재앙 혹은 열두 재앙으로 보는 견해도 있습니다.

열한 재앙이라는 견해는 아론의 지팡이가 뱀이 된 사건을 포함시킨 것인데, 뱀을 보았다고 해서 눈에 띄는 손해를 입지는 않으므로 재앙으로 보기에는 애매한 점이 있습니다. 그러나 사막의 뱀은 한 번 물리면 생명이 위태로울 정도로 독성이 강해서 보는 자체만으로도 위협이 느껴지기 때문에 재앙에 포함시킬 수도 있습니다.

열두 재앙이라는 견해는 지팡이가 뱀이 된 사건은 물론 이스라엘을 뒤쫓던 애굽 군대가 홍해에 수장된 사건까지 재앙에 포함시킨 것입니다. 애굽 군대가 수장된 것은 아직 홍해를 완전히 건너기 전의 일이므로 이를 출애굽 이전으로 포함시킨다면 열두 재앙이 됩니다. 그러나 중요한 것은 재앙의 수가 몇이냐가 아니라 그 안에 담긴 영적인 의미와 하나님의 섭리입니다.

이 책에는 하나님 말씀에 거역하였던 애굽 왕 바로와 순종의 삶을 살아간 모세가 뚜렷이 대비되어 있고 유월절 의식과 할례, 무교절의 의미, 무한한 긍휼로 자상하고도 섬세하게 구원의 길을 알려 주시는 하나님의 사랑이 담겨 있습니다.

하나님의 능력을 목도하고도 거역하였던 바로는 재앙이 거듭될수록 돌이키기 힘든 지경에 이르렀습니다. 이와는 달리 이스라엘 백성은 하나님 말씀에 순종했다는 이유만으로 모든 재앙으로부터 안전할 수 있었습니다.

하나님께서 열 재앙을 기록하게 하신 이유는 왜 시험 환난이 오고 재앙이 임하는지를 깨우쳐, 모든 인생의 문제를 해결받아 재앙과 상관이 없는 삶을 영위하게 하시기 위해서입니다. 나아가 순종할 때 임하는 축복에 대해 알려 주어 하나님의 자녀로서 예비하신 천국을 소유하게 하기 위함이지요.

따라서 이 책을 대하는 이들마다 모든 문제의 열쇠를 발견하여 해갈의 단비를 맛보듯 영적인 시원함을 느끼며 응답과 축복의 길로 인도받게 될 것입니다.

그동안 책자 발간을 위해 수고해 주신 빈금선 편집국장과 직원들에게 깊은 감사를 드리며, 모쪼록 본서를 통해 온전한 순종의 삶을 이루심으로 하나님의 놀라운 사랑과 축복을 받으시기를 주님의 이름으로 축원합니다.

2007년 7월, 이스라엘 선교를 앞두고
이재록 목사

차례

들어가는 글 · **7**

거역된 삶에 대하여... · **15**
ON LIFE OF DISOBEDIENCE

1장
애굽에 내린 열 재앙 · **17**

2장
거역된 삶과 재앙 · **31**

3장
피, 개구리, 이의 재앙 · **39**

4장
파리, 악질, 독종의 재앙 · **53**

5장
우박, 메뚜기의 재앙 · **65**

6장
흑암, 장자의 재앙 · **75**

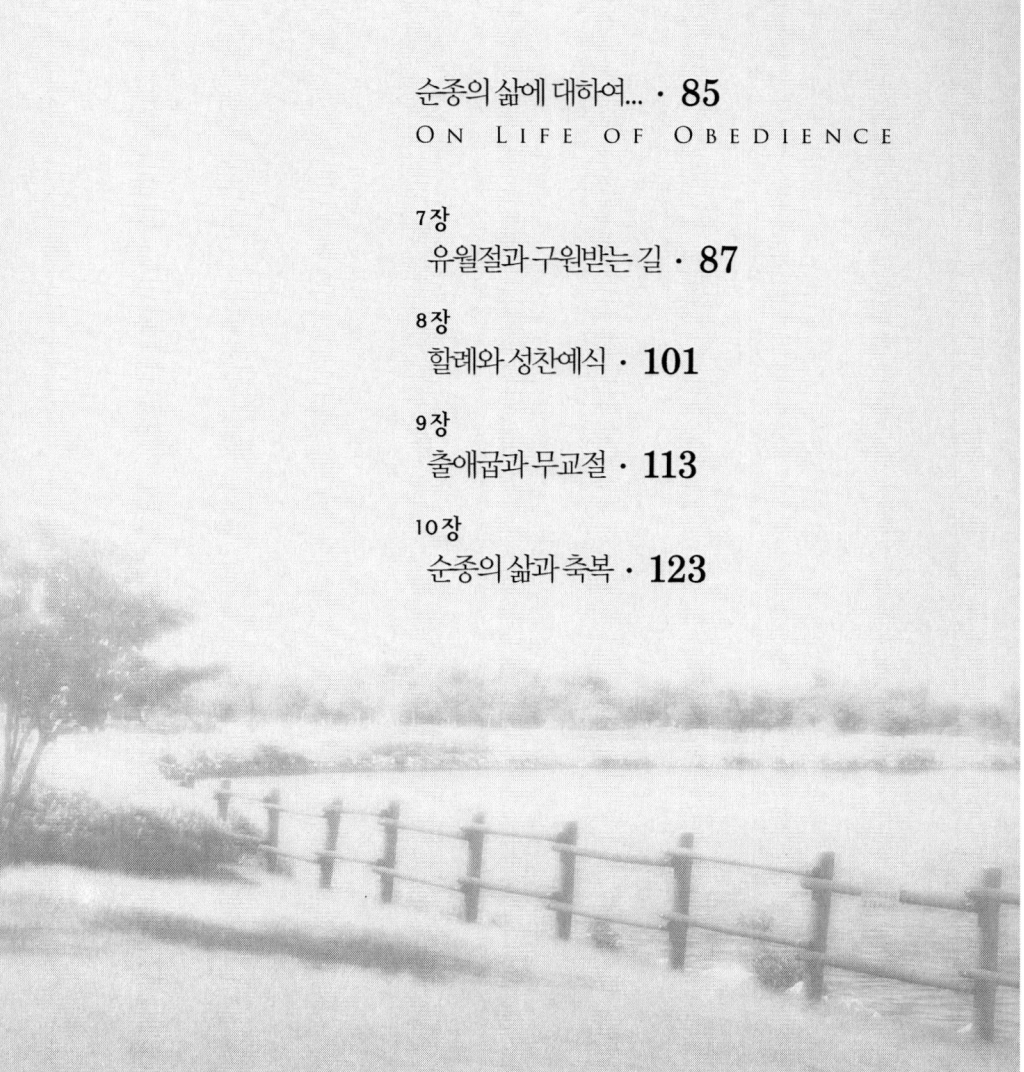

순종의 삶에 대하여... · 85
ON LIFE OF OBEDIENCE

7장
유월절과 구원받는 길 · **87**

8장
할례와 성찬예식 · **101**

9장
출애굽과 무교절 · **113**

10장
순종의 삶과 축복 · **123**

거역된 삶에 대하여...
ON LIFE OF DISOBEDIENCE

네가 만일 네 하나님 여호와의 말씀을 순종하지 아니하여
내가 오늘날 네게 명하는 그 모든 명령과 규례를 지켜 행하지 아니하면
이 모든 저주가 네게 임하고 네게 미칠 것이니
...
네가 들어와도 저주를 받고 나가도 저주를 받으리라

(신명기 28:15~19)

1장
애굽에 내린 열 재앙

> 여호와께서 모세에게 이르시되
> 볼지어다 내가 너로 바로에게 신이 되게 하였은즉 …
> 그로 이스라엘 자손을 그 땅에서 보내게 할지니라
> 내가 바로의 마음을 강퍅케 하고
> 나의 표징과 나의 이적을 애굽 땅에 많이 행하리라마는
> 바로가 너희를 듣지 아니할 터인즉
> 내가 내 손을 애굽에 더하여 여러 큰 재앙을 내리고
> 내 군대, 내 백성 이스라엘 자손을 그 땅에서 인도하여 낼지라 …
> (출 7:1~7)

사람에게는 누구나 '행복할 권리'가 있다고 하지만 정작 행복을 누리는 사람은 그다지 많지 않습니다. 더구나 각종 사고와 질병, 범죄가 만연한 오늘날은 어느 누구도 평안을 장담하기 어렵습니다. 그런데 누구보다도 우리의 행복을 원하시는 분이 있습니다. 바로 우리를 지으신 아버지 하나님이십니다. 자녀의 행복을 위해서라면 아무 조건 없이 모든 것을 내어 주는 부모의 심정, 그 이상으로 우리를 사랑하고 복 주기를 원하십니다.

이러한 하나님께서 그 자녀들이 재앙으로 고통받는 것을 원하시겠습

니까? 결코 아니지요. 우리가 애굽에 열 재앙을 내리신 하나님의 섭리와 각각의 재앙에 담긴 영적인 의미를 알면 이 역시 하나님의 사랑임을 깨달을 수 있습니다. 또한 재앙을 만나지 않을 뿐만 아니라 혹 재앙이 임했다 해도 이를 물리치고 오히려 축복의 길로 나올 수 있는 방법을 발견할 수 있습니다.

하나님을 믿지 않는 사람 중에 어떤 이들은 어려운 일을 당하면 입버릇처럼 "하나님도 무심하시지…" 하며 원망하고 탄식합니다. 하나님을 믿는다고 하는 사람 중에도 어려움이나 고난이 닥쳐올 때 하나님의 마음을 깨닫지 못하여 감사하지 못하고 낙심하는 경우가 많습니다.

동방에서 가장 부요했던 욥도 하나님의 마음을 알지 못했을 때는 재앙이 오자 '올 것이 왔구나.' 하는 심정을 내비치는 모습을 볼 수 있습니다. 복이 왔으면 재앙도 올 수 있다고 말하지요(욥 2:10). 마치 하나님이 까닭 없이도 복과 재앙을 주실 수 있는 것처럼 오해하고 있습니다. 그러나 우리를 향한 하나님의 마음은 결코 재앙이 아니요 평안입니다. 애굽에 내린 열 재앙을 설명하기 전에 당시의 시대적인 상황과 배경을 먼저 살펴보겠습니다.

이스라엘 민족의 형성

이스라엘은 하나님의 선민으로 그들의 역사를 살펴보면 하나님의 섭리와 뜻을 잘 느낄 수 있습니다. 이스라엘은 믿음의 조상 아브라함의 손자인 야곱에게 하나님께서 붙여 주신 이름으로서 '하나님과 사람으로 더불어 겨루어 이김'이라는 뜻이 담겨 있습니다(창 32:28).

아브라함의 아들 이삭에게는 에서와 야곱이라는 쌍둥이 아들이 있었습니다. 특이하게도 동생 야곱은 태어날 때 형의 발꿈치를 잡고 나왔다고 성경에 기록될 만큼 장자인 에서를 이기고자 하는 마음이 강했습니다. 그래서 사냥을 하고 돌아와 배고파하는 에서에게서 팥죽 한 그릇에 장자권을 샀습니다.

또한 아버지를 속이고 장자의 축복을 가로챘습니다. 창세기 27장을 보면 아버지 이삭이 장자인 에서를 불러 사냥한 고기로 별미를 만들어 가져오면 축복해 주겠다고 말합니다. 이를 엿들은 어머니 리브가는 야곱에게 에서인 척 위장하고 들어가 형 대신 장자의 축복을 받으라고 합니다. 이에 야곱은 에서처럼 꾸미고 들어가 아버지 이삭을 속이고 장자의 축복을 받습니다. 이삭은 눈이 어두워 잘 보지 못하므로 야곱이 에서인 줄 알고 마음껏 축복해 줍니다(창 27:27~29).

비록 간교한 방법으로 장자의 축복을 가로채긴 했지만 야곱은 누구보다도 하나님의 축복을 사모하는 사람이었습니다. 그가 축복을 받기까지에는 많은 어려움이 있었습니다. 장자의 축복을 빼앗겨 격노한 형을 피해 외삼촌의 집에서 20년을 봉사해야 했고 외삼촌에게 번번이 속임도 당해야 했지요. 다시 고향으로 돌아올 때도 아직 노여움을 풀지 않은 형으로 인하여 죽음의 위기에 처하기도 했습니다.

야곱은 마음 안에 자기의 유익을 구하며 속이는 간교한 속성이 있었기 때문에 이런 어려운 일들을 당했습니다. 그러나 하나님을 경외하였기에 연단의 시간을 통해 철저히 자신을 깨뜨려 나갔고 결국 그의 열두 아들로써 이스라엘 민족이 형성되는 축복을 받았습니다.

출애굽의 시대적 배경과 모세의 출현

그러면 이스라엘 민족은 왜 애굽에서 노예 생활을 한 것일까요?

야곱은 열두 아들 중 열한째 아들 요셉을 유난히 편애하였습니다. 자신이 가장 사랑하는 라헬을 통해 얻은 아들이었기 때문입니다. 이것은 다른 형제들의 시기심을 자극하였고 결국 요셉은 형들에 의해 애굽에 노예로 팔려갑니다.

그러나 오직 하나님을 경외하며 정직히 행한 요셉은 애굽으로 팔려간 지 불과 13년 만에 애굽 온 땅을 다스리는 총리가 되었습니다. 이후 근동 지방(서유럽에 가까운 동양)을 휩쓴 극심한 흉년 속에서 야곱과 그의 가족은 요셉의 도움을 받아 애굽으로 이주하게 됩니다. 요셉의 지혜로 죽음과 같은 극심한 흉년을 면했기에 애굽 왕 바로와 애굽 백성은 그의 가족에게 기꺼이 고센 땅을 거주지로 내어 줄 만큼 선대하였습니다.

오랜 세월이 흐르고 여러 세대가 바뀌면서 야곱의 후손이 심히 번성하여 큰 민족을 이루니 애굽 사람들은 차츰 위협을 느낍니다. 요셉이 죽고 수백 년이 지났으므로 이미 그의 은혜를 잊은 지 오래였습니다. 결국 애굽에서는 이스라엘 민족을 학대하기 시작했고 그들을 종으로 삼아 온갖 고역을 시켰습니다.

게다가 이스라엘 민족의 번성을 막기 위해 애굽 왕 바로는 히브리 산파들로 하여금 새로 태어나는 남자아이는 모두 죽이도록 명하였습니다. 이렇게 암울한 시대적 상황에서 모세가 태어났습니다.

그의 부모는 아이가 준수한 것을 보고 차마 죽게 놔둘 수가 없어 석 달을 숨깁니다. 하지만 더 이상 숨길 수 없게 되자, 갈 상자에 넣어 하숫가 갈대 사이에 두었습니다.

때마침 하숫가에 목욕하러 나왔다가 상자를 발견한 애굽의 공주가 모세를 데려다 양자로 삼고자 합니다. 멀리서 이 광경을 지켜보던 모세의 누이 미리암이 재빨리 공주에게 나가 친어머니 요게벳을 유모로 추천합니다. 그래서 모세는 친어머니에게 양육을 받습니다.

이로써 모세는 자연스럽게 자신의 조상인 아브라함과 이삭과 야곱의 하나님에 대해, 이스라엘 민족에 대해 듣고 배우게 됩니다. 바로의 궁전에서 다양한 지식을 습득함으로 지도자로서의 자질을 갖출 수 있었을 뿐만 아니라 하나님에 대한 사랑과 동포애를 키워 갈 수 있었습니다. 하나님께서는 모세를 출애굽의 영도자로 택하시고 이처럼 출생부터 모든 과정을 주관하셨습니다.

하나님의 사람 모세와 애굽 왕 바로

그러던 어느 날, 모세의 삶에 일대 변화를 가져오는 큰 사건이 일어납니다. 자기 민족이 노예로 학대받는 상황을 안타깝게 지켜보던 모세는 애굽 사람이 자기 동포를 치는 것에 분노하여 그를 쳐 죽이고 말았습니다. 이 사실은 애굽 왕 바로의 귀에 들어갔고, 모세는 바로를 피하여 정처없는 도망자 신세가 되고 맙니다.

그리하여 모세는 미디안 광야에서 40년간 목자로서 양을 치며 지내게 되었습니다. 이 모든 과정은 그를 출애굽의 지도자로 세우기 위한 하나님의 섭리였습니다. 광야에서 장인의 양 무리를 치며 살아가는 동안 모세는 강대국 왕자의 위엄있는 모습이 아닌 낮고 겸손한 사람으로 변화되었습니다. 그러자 하나님께서 그를 출애굽의 인도자로 부르십니다.

"모세야 모세야 … 내가 너를 바로에게 보내어 너로 내 백성 이스라엘 자손을 애굽에서 인도하여 내게 하리라"(출 3:4~10)

"내가 누구관대 바로에게 가며 이스라엘 자손을 애굽에서 인도하여 내리이까"(출 3:11)

40년 동안 양 치는 일만 해 온 모세는 아무런 자신감이나 확신이 없었습니다. 그의 마음을 아시는 하나님께서는 지팡이가 뱀이 되게 하는 등 이적을 보이며 애굽 왕 바로 앞에 나아가 하나님의 명령을 전하게 하셨습니다.

이처럼 연단을 통해 심히 낮아져 하나님 말씀에 순종할 수 있는 마음이 된 모세와는 달리 바로는 마음이 강퍅하고 완강한 사람이었습니다. 강퍅하다는 것은 하나님의 역사를 보고도 전혀 변화되지 않는 단단한 마음을 말합니다. 예수님께서 비유로 말씀하신 네 가지 마음 밭 중 길가 밭에 해당합니다(마 13:18~23). 길가 밭은 사람이 자주 밟고 다니므로 단단하게 굳은 땅입니다. 길가와 같이 마음이 단단한 사람은 하나님의 역사를 보고도 전혀 변화되지 않습니다.

당시 애굽(이집트) 사람들은 사자같이 용맹스럽고 강한 민족성을 가진 데다 최고 통치자인 파라오(Pharaoh, 바로 : 애굽 왕들에 대한 일반적인 호칭)는 절대 권력의 소유자로 자신을 신으로 여겼고 신하와 백성도 왕을 신처럼 받들었습니다.

이런 문화 속에 모세가 그들이 알지 못하는 신, 곧 하나님을 알리고 이스라엘 백성을 놓아 주라는 하나님의 명령을 전하니 바로는 순종하기가 쉽지 않았습니다. 게다가 이스라엘 민족의 노동력으로 많은 이득을 보고 있었던 터라 더욱 받아들일 수 없는 일이었습니다.

오늘날도 자신이 가진 지식과 명예, 권세, 혹은 부를 최고인 양 생각하는 사람들이 있습니다. 오로지 자기 유익을 구하며 자신의 능력만을 믿으니 그만큼 교만하고 강퍅한 것입니다.

바로와 그 백성은 마음이 강퍅하여 모세가 하나님의 뜻을 전해 주어도 순종하지 않고 끝까지 거역했습니다. 결국 죽음에 이르기까지 재앙을 겪었지요.

물론 바로의 마음이 강퍅하다 해서 하나님께서 처음부터 큰 재앙을 허락하신 것은 아닙니다. "여호와는 은혜로우시며 자비하시며 노하기를 더디하시며 인자하심이 크시도다"(시 145:8) 말씀하신 대로 모세를 통해 여러 차례 하나님의 능력을 보여 주며 하나님을 인정하고 순종하기를 원하셨습니다. 그러나 바로는 마음을 더욱 강퍅하게 하였습니다. 사람의 중심을 감찰하시는 하나님께서는 이렇게 될 일을 알고 모세에게 알려 주십니다.

"내가 바로의 마음을 강퍅케 하고 나의 표징과 나의 이적을 애굽 땅에 많이 행하리라마는 바로가 너희를 듣지 아니할 터인즉 내가 내 손을 애굽에 더하여 여러 큰 재앙을 내리고 내 군대, 내 백성 이스라엘 자손을 그 땅에서 인도하여 낼지라 내가 내 손을 애굽 위에 펴서 이스라엘 자손을 그 땅에서 인도하여 낼 때에야 애굽 사람이 나를 여호와인 줄 알리라"(출 7:3~5)

마음이 강퍅한 바로와 열 재앙

출애굽의 전 과정을 살펴보면 하나님께서 '바로의 마음을 강퍅케 하셨다'는 표현이 여러 차례 기록되었음을 볼 수 있습니다. 이 말씀을 문자

그대로 보면 마치 하나님께서 바로의 마음을 일부러 강퍅하게 하신 것처럼 느껴지며 하나님을 독재자로 오해할 수 있지만 사실은 전혀 다릅니다.

하나님께서는 모든 사람이 구원에 이르기를 원하시는 분입니다(딤전 2:4). 따라서 아무리 강퍅한 사람이라도 어떻게 하든지 깨닫게 하여 구원하기 원하십니다. 이러한 사랑의 하나님께서 바로의 마음을 일부러 강퍅하게 만드실 리는 없습니다. 하나님께서 모세를 바로에게 보내시는 과정을 통해 얼마나 그가 마음이 변화되어 순복하기를 원하셨는지 알 수 있습니다.

하나님께서는 성경에 기록된 말씀에 따라 사랑과 공의 가운데 역사하시되 모든 것을 질서를 좇아 행하시는 분입니다. 사람이 악을 행하며 하나님 말씀을 듣고 순종치 않으면 원수 마귀 사단이 송사하므로 시험 환난을 당합니다. 반면 하나님 말씀에 순종하여 의롭게 사는 사람은 성경에 약속한 말씀대로 축복을 받습니다.

이는 사람이 자유 의지 가운데 스스로 선택하는 것이지 하나님께서 축복 줄 사람과 그렇지 않은 사람을 정해 놓으시는 것이 아닙니다. 이러한 사랑과 공의의 하나님이 아니라면 단번에 큰 재앙을 내려 바로의 무릎을 꿇게 하셨겠지요. 그러나 하나님께서는 결코 두려워서 억지로 복종하는 것이 아니라 자유 의지 속에서 스스로 마음 문을 열고 순종하기를 원하십니다.

하나님께서는 먼저 능력을 보이시며 하나님의 뜻을 알고 순종할 수 있도록 인도하십니다. 그러나 순종치 않을 때에는 작은 재앙부터 허락하여 깨우침을 주며 자신을 발견할 수 있도록 역사하십니다.

전지전능하신 하나님께서는 사람마다 어떻게 하면 악이 드러나고, 어떻게 하면 악을 버리고 문제를 해결받을 수 있는지 아십니다. 그래서 각 사람을 가장 좋은 길로 인도하며 거룩한 하나님의 자녀로 변화되도록 가장 적절한 방법을 사용하십니다. 때를 좇아 감당할 만한 시험을 허락하고 연단하여 자신에게 있는 악을 발견하여 버릴 수 있도록 역사하십니다. 이를 통해 영혼이 잘된 만큼 범사가 잘되고 강건한 축복을 주십니다.

그런데 바로는 악이 드러날 때마다 버려 나간 것이 아니라 계속 하나님 말씀을 거역하며 악을 행해 나갑니다. 하나님께서는 이러한 바로의 마음을 아시기 때문에 재앙을 통해 마음속에 있는 강퍅함을 계속 드러나게 하셨습니다. 이를 성경에서는 '하나님께서 바로의 마음을 강퍅케 하셨다.'고 표현했습니다.

일반적으로 강퍅하다는 것은 성격이나 성품이 까다롭고 고집이 세다는 의미입니다. 그러나 성경에서 말하는 '강퍅'이란 악하여 하나님 말씀에 순종치 않을 뿐 아니라 거역하며 대적하는 마음을 말합니다.

앞서 말씀드린 대로 애굽 왕 바로는 스스로를 신으로 여길 만큼 자기 중심적인 삶을 살았습니다. 모든 백성이 자신의 말 한마디면 굴복하니 두려울 것이 없었지요. 만일 바로가 선한 마음이었다면 하나님에 대해 알지 못할지라도 모세를 통해 나타나는 하나님의 능력을 보고 믿었을 것입니다.

느부갓네살 왕(B.C. 605~562년. 바벨론 제국)은 하나님을 몰랐지만, 다니엘의 세 친구인 사드락과 메삭과 아벳느고를 통해 나타난 하나님의 능력을 보고 하나님을 인정했던 것을 볼 수 있습니다.

"사드락과 메삭과 아벳느고의 하나님을 찬송할지로다 … 이같이 사람을 구원할 다른 신이 없음이니라"(단 3:28~29)

젊은 나이에 이방 나라의 포로로 잡혀간 사드락과 메삭과 아벳느고는 하나님의 계명을 지키기 위해 우상 앞에 절하지 않음으로 왕명에 따라 풀무불에 던져졌습니다. 이때 그들이 극렬한 풀무불 가운데서 머리털 하나 그슬리지 않고 살아난 것을 보고 느부갓네살 왕은 그 자리에서 살아 계신 하나님을 인정했습니다. 사람의 능력을 뛰어넘는 하나님의 역사 앞에 전지전능하신 하나님을 인정했을 뿐만 아니라 온 나라 백성 앞에서 영광을 돌렸습니다.

이와 대조적으로 바로는 하나님의 능력을 보고도 인정하지 않았고 더욱 마음을 강퍅하게 하였지요. 결국 열 재앙을 당하고 나서야 두려움 속에 할 수 없이 이스라엘 백성을 보내 주었습니다. 그러나 강퍅한 마음이 근본적으로 변화되지 않으니 이스라엘 백성을 보낸 일을 후회하며 군대를 이끌고 그 뒤를 쫓았습니다. 이로 인해 수많은 군사가 홍해에 수장되고 말았습니다.

하나님의 보호하심을 받은 이스라엘 백성

애굽 전역에 재앙이 임했지만 이스라엘 백성은 아무런 재앙을 당하지 않았습니다. 하나님께서 그들이 살던 고센 땅만은 구별되이 지켜 주셨기 때문입니다.

우리도 하나님께서 지켜 주시면 아무리 큰 재앙과 환난이 와도 안전합니다. 혹 몸에 어떤 질병이 들거나 삶 가운데 어려움을 만난다 해도 하나님의 능력으로 치료받고 피해 갈 수 있습니다.

당시 이스라엘 백성이 재앙을 당하지 않은 것은 믿음이 좋고 의로워서가 아닙니다. 단지 하나님의 선민이라는 그 자체로 하나님께 보호를 받았습니다. 애굽 사람과는 달리 고통 가운데 하나님을 찾았고 그분을 인정하였기에 그 보호 아래 있을 수 있었지요.

이와 마찬가지로 우리가 아직은 악의 모양이 있다 해도 하나님의 자녀가 되었다는 사실만으로도 하나님을 믿지 않는 사람들에게 임하는 재앙으로부터 보호받을 수 있습니다. 예수님의 보혈의 공로로 죄를 사함 받고 이제는 환난이나 재앙을 가져다주는 원수 마귀 자녀가 아니라 하나님 자녀가 되었기 때문입니다.

이스라엘 백성이 살던 고센 땅은 현재 나일강 삼각주 부근으로 추정되며 애굽에 내린 열 재앙 중에도 하나님의 보호하심을 받았다.

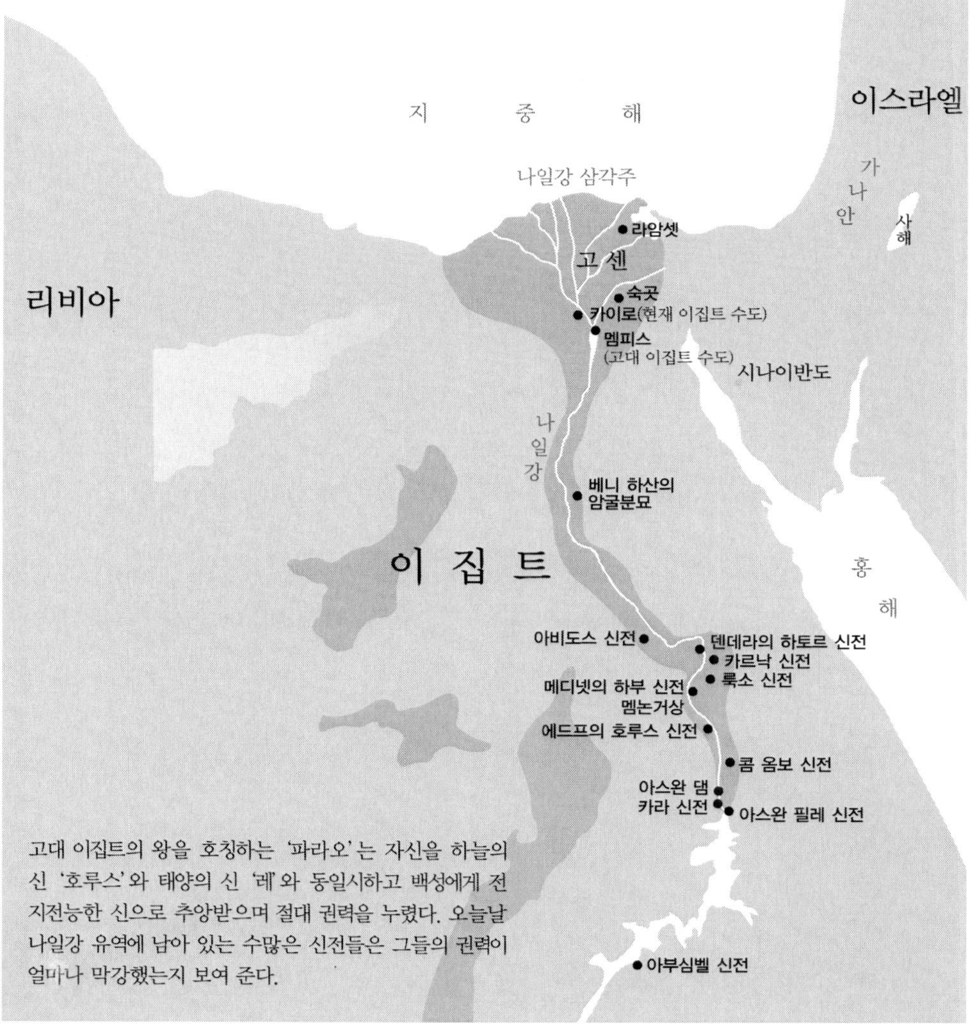

지중해

이스라엘

나일강 삼각주

● 라암셋

고센

● 숙곳

● 카이로 (현재 이집트 수도)

● 멤피스 (고대 이집트 수도)

가나안

사해

시나이반도

리비아

나일강

● 베니 하산의 암굴분묘

이집트

홍해

● 아비도스 신전
● 덴데라의 하토르 신전
● 카르낙 신전
● 메디넷의 하부 신전
● 룩소 신전
● 멤논거상
● 에드프의 호루스 신전
● 콤 옴보 신전
● 아스완 댐
● 카라 신전
● 아스완 필레 신전

● 아부심벨 신전

고대 이집트의 왕을 호칭하는 '파라오'는 자신을 하늘의 신 '호루스'와 태양의 신 '레'와 동일시하고 백성에게 전지전능한 신으로 추앙받으며 절대 권력을 누렸다. 오늘날 나일강 유역에 남아 있는 수많은 신전들은 그들의 권력이 얼마나 막강했는지 보여 준다.

라암셋

아비도스 신전

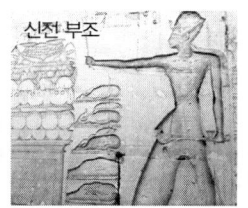
신전 부조

람세스 2세

나아가 점차 믿음이 성장하면서 죄악을 벗어 버리며 하나님 말씀 안에 순종하는 만큼 하나님의 사랑과 축복을 받아 나갈 수 있습니다.

"내가 오늘날 네 행복을 위하여 네게 명하는 여호와의 명령과 규례를 지킬 것이 아니냐"(신 10:13)

2장
거역된 삶과 재앙

여호와께서 모세와 아론에게 일러 가라사대
바로가 너희에게 이르기를 너희는 이적을 보이라 하거든
너는 아론에게 명하기를 너의 지팡이를 가져
바로 앞에 던지라 하라 그것이 뱀이 되리라 …
바로도 박사와 박수를 부르매 그 애굽 술객들도 그 술법으로
그와 같이 행하되 … 아론의 지팡이가 그들의 지팡이를 삼키니라
그러나 바로의 마음이 강퍅하여
그들을 듣지 아니하니 여호와의 말씀과 같더라
(출 7:8~13)

칼 마르크스는 하나님을 거부하고 유물론의 바탕 위에 공산주의를 창시한 사람입니다. 그의 사상은 많은 사람으로 하여금 하나님을 떠나게 만들었고, 세상은 금방 공산화될 것처럼 보였습니다. 그러나 공산주의는 공포와 억압, 가난과 불행만 남긴 채 몰락하고 말았습니다. 그의 삶도 정신적인 불안과 자녀의 죽음 등으로 어려움이 떠나지 않았지요.

"신은 죽었다."고 외쳤던 니체도 하나님을 대적하며 많은 사람에게 영향을 끼쳤지만, 얼마 지나지 않아 정신 이상자가 되어 비참한 최후를 맞았

습니다. 이처럼 하나님을 대적하고 거역하는 사람들은 평탄치 않은 삶을 살았던 것을 봅니다.

재앙과 환난, 시험과 연단의 차이점

하나님을 믿는 사람이나 믿지 않는 사람이나 살다보면 크고 작은 어려움을 겪을 때가 있습니다. 이는 우리의 삶이 참 자녀를 얻기 위한 하나님의 인간 경작의 섭리 속에 있기 때문입니다.

첫 사람 아담의 범죄로 인해 사람에게 죄가 들어온 후 이 땅은 원수 마귀 사단의 세력이 주관하게 되었습니다. 이로 인해 사람들은 각종 어려움과 슬픈 일을 겪게 되었습니다. 미움, 혈기, 욕심, 교만, 간음 등 악을 좇아 죄를 범하므로 원수 마귀 사단이 가져다주는 온갖 시험 환난으로 고통받게 되었지요.

흔히 어려운 일을 당할 때 사람들은 재앙이라는 말을 쓰거나 시험, 환난 혹은 연단이라 표현하기도 합니다. 그런데 각각의 의미에 차이가 있습니다. 사람이 진리대로 사느냐, 살지 않느냐, 또는 얼마큼 믿음이 있느냐에 따라 다르게 표현합니다.

예를 들어, 믿음이 있는 사람이 늘 말씀을 듣고도 행하지 않는다면 하나님께서 지켜 주실 수 없으므로 여러 가지 어려움을 겪게 됩니다. 이를 '환난'이라고 합니다. 나아가 믿음마저도 저버리고 비진리 가운데 행할 때 임하는 것이 '재앙' 입니다.

그리고 비록 온전히 말씀 가운데 살지는 못한다 해도 말씀을 듣고 행하려고 노력하는 사람이 마음에 있는 죄의 속성을 버리기까지 싸워 나가는 과정을 '연단'이라고 합니다. 곧 죄를 피 흘리기까지 싸워 나가는 과정 중에 겪게 되는 여러 어려움이 연단입니다. 또한 '시험'은 믿음이 얼마나 자라났는지 영적으로 확인시켜 주는 작업과 같습니다.

따라서 믿음 가운데 살려고 노력하는데 아직 말씀대로 살지 못하거나 악의 모양이 있는 사람에게 오는 어려움은 연단과 시험이며, 진리에서 벗어나 하나님을 노엽게 하는 사람에게 오는 것은 환난과 재앙입니다.

재앙이 임하는 이유

그중에서도 재앙이란 짐짓 죄를 지어 하나님께서 외면하실 때 원수 마귀 사단이 가져다주는 것입니다. 하나님 말씀을 거역하는 만큼 재앙이 임하지요. 재앙이 임했는데도 여전히 돌이키지 않고 악을 행해 나가면 애굽의 열 재앙처럼 점점 큰 재앙이 임합니다. 그러나 회개하고 돌이키면 하나님의 긍휼로 재앙이 물러갑니다.

재앙이 임할 때 사람에 따라 두 부류로 나뉩니다. 하나님 앞에 나와 회개하고 돌이키려 하는 사람이 있는 반면에 "내가 왜 이런 재앙을 받아야 합니까?" 하고 원망 불평하는 사람이 있습니다. 이러한 경우, 결과는 전혀 다릅니다. 전자는 재앙이 거두어지고 하나님의 긍휼을 입을 수 있지만, 후자는 자신의 악을 깨닫지도 못하니 더 큰 재앙이 임하게 됩니다.

사람의 마음에 악이 있는 만큼 자신의 잘못을 인정하고 돌이키기가 쉽지 않습니다. 이런 사람은 마음이 단단하여 아무리 복음을 들려주어도 마음 문을 열지 않습니다. 오랫동안 교회에 다녔지만 변화되지 않는 사람들도 이에 해당합니다. 따라서 자신에게 재앙이 임했다면 반드시 합당치 못한 모습이 있다는 사실을 깨닫고 돌이켜 신속히 재앙에서 벗어나야 하겠습니다.

하나님께서 주시는 기회

하나님 말씀을 거역한 바로는 작은 재앙으로는 돌이키지 않았기에 더 큰 재앙을 겪게 되었습니다. 그래도 순종하지 않고 계속 악을 행하여 나라가 돌이킬 수 없을 만큼 쇠하여지고 수많은 백성을 죽음으로 몰아넣었으니 얼마나 미련하고 어리석은 사람입니까.

"이스라엘 하나님 여호와의 말씀에 내 백성을 보내라 그들이 광야에서 내 앞에 절기를 지킬 것이니라 하셨나이다"(출 5:1)

모세가 하나님의 뜻에 따라 바로에게 이스라엘 백성을 보내라고 요구하자, 바로는 일언지하에 거절하였습니다.

"여호와가 누구관대 내가 그 말을 듣고 이스라엘을 보내겠느냐 나는

여호와를 알지 못하니 이스라엘도 보내지 아니하리라"(출 5:2)

"히브리인의 하나님이 우리에게 나타나셨은즉 우리가 사흘 길쯤 광야에 가서 우리 하나님 여호와께 희생을 드리려 하오니 가기를 허락하소서 여호와께서 온역이나 칼로 우리를 치실까 두려워하나이다"(출 5:3)

바로는 모세와 아론의 말을 듣고 이스라엘 백성이 게을러서 딴생각을 품는다는 억지 이유를 들어 더 심한 고역으로 학대하였습니다. 평소 짚을 주어 벽돌을 만들게 하였으나 이후로는 짚도 주지 않은 채 벽돌을 전과 동일하게 만들라고 명했습니다. 짚을 주어도 만들어야 할 양을 채우기 쉽지 않은 상황에서 짚까지 주지 않았다는 것은 바로의 성품이 얼마나 완악한지를 말해 줍니다.

고역이 가중되자 이스라엘 백성은 모세를 원망하기 시작합니다. 하나님께서는 다시 모세를 바로에게 보내어 이적을 베풀게 하십니다. 바로에게 하나님의 능력을 보임으로 돌이킬 수 있는 기회를 주신 것입니다.

"모세와 아론이 바로에게 가서 여호와의 명하신 대로 행하여 아론이 바로와 그 신하 앞에 지팡이를 던졌더니 뱀이 된지라"(출 7:10)

아론이 지팡이를 들어 던지자 뱀이 됩니다. 뱀은 영적으로 사단을 의미하는데, 하나님께서는 왜 지팡이로 뱀을 만드셨을까요?

모세와 아론이 서 있는 땅이나 지팡이는 세상에 속합니다. 세상은 원수 마귀 사단에 속하므로 이를 상징하기 위해 뱀을 만드셨습니다. 하나님 말씀에 순종치 않는 사람들은 사단의 역사를 받고 있다는 사실을 알려 주시기 위함입니다.

바로는 하나님을 대적한 사람이기에 하나님께서 복을 주실 수 없으므로 사단을 의미하는 뱀을 등장시키셨습니다. 사단의 역사가 따를 것에 대한 예고입니다. 이후에 이어지는 피의 재앙이나 개구리의 재앙, 이의 재앙은 모두 사단의 역사로 인한 것입니다.

곁에 두고 사용하는 지팡이가 뱀이 된 사건은 자신의 주변에서 느낄 듯 말 듯 우연으로 돌릴 수 있는 문제들이 나타나는 상황을 의미합니다. 아직 자신에게 재앙의 피해가 있는 단계는 아니며, 하나님께서는 이를 통해 돌이킬 수 있는 기회를 주십니다.

애굽의 술객들을 동원한 바로

아론이 던진 지팡이가 뱀이 되는 이적을 본 바로는 애굽의 박사와 박수들을 부릅니다. 이들은 궁중의 술객들로서 왕 앞에서 갖가지 재주를 부리며 왕을 즐겁게 했던 사람들입니다. 그들은 특별히 술법을 행하는 일을 통해 벼슬길에 올랐으며 조상 대대로 가업을 이어왔기 때문에 재질을 타고날 수밖에 없었습니다.

오늘날도 세계적인 마술사들의 공연을 보면 사람들이 지켜보는 가운데 중국의 만리장성을 통과하는가 하면, 미국의 자유의 여신상이 사라지게 하는 것도 볼 수 있습니다. 또 인도의 요가를 오랜 세월 수련한 사람 중에는 가느다란 나뭇가지 위에서 잠을 자거나 물통 속에 들어가서 몇날 며칠을 견디는 이도 있지요. 이들은 단순한 눈속임뿐만 아니라 육체와 정신의 훈련을 통해 터득한 기법으로 놀라운 일을 행합니다. 하물며 당시 여러 대에 걸쳐 왕 앞에 서는 술객들이야 얼마나 능력이 대단했겠습니까? 더구나 그들은 악한 영들과 접할 수도 있었습니다.

무당들 가운데는 귀신을 접해서 섬뜩할 정도로 날카로운 작두 위에서 자유자재로 뛰는데도 다치지 않는 이가 있습니다. 애굽의 술객들도 악의 영들에 접해서 갖가지 능력을 발휘했습니다. 오랜 세월 다양한 능력을 쌓아 왔던 술객들은 교묘한 눈속임으로 지팡이를 던져 뱀이 되게 합니다.

살아 계신 하나님을 인정하지 않는 사람들

아론이 지팡이를 던져 뱀을 만들자, 바로는 '하나님이 정말 있는가 보다.' 하다가 애굽의 술객들도 뱀을 만드니 다시 하나님의 역사를 믿지 않았습니다. 애굽 술객들이 만든 뱀이 아론의 지팡이로 만든 뱀에게 먹혔지만 우연으로 돌려버리고 맙니다.

신앙 안에서는 우연이 없습니다. 그런데 이제 갓 주님을 영접한 경우, 어찌하든 하나님을 믿지 못하게 하려는 사단의 역사로 주변에 미세한 문제가 발생하기도 하는데, 이를 우연으로 돌리는 사람이 많지요.

또 어떤 사람은 하나님의 도우심으로 문제를 해결받으면 당시에는 하나님 능력을 인정하다가 시간이 지나면서 우연으로 돌려버립니다. 지팡이가 뱀이 된 이적을 보고도 하나님을 인정치 않았던 바로처럼 하나님 역사를 체험하고도 살아 계신 하나님을 인정하지 않고 모든 일을 우연으로 돌리지요.

한 번 문제 해결을 받고는 하나님을 변함없이 믿는 성도가 있는가 하면, 처음에는 하나님을 인정했다가 시간이 지나면 자신의 힘, 지식, 경험 또는 이웃의 도움으로 해결되었다며 우연으로 돌리는 사람도 있습니다. 후자는 하나님께서 외면하실 수밖에 없고 결과적으로 이전에 해결받았던 문제가 다시 찾아오게 됩니다.

질병이 치료된 경우라면 재발하거나 전보다 더 심한 병이 생기고, 사업 문제를 해결받은 경우라면 이전보다 더 큰 문제로 드러나기도 합니다. 하나님께 응답받은 일을 우연으로 돌림으로 바른 신앙생활을 하지 못하니 문제가 다시 찾아오거나 더욱 곤경에 처하게 되지요. 마찬가지로 바로도 하나님의 역사를 우연으로 여겼기에 본격적인 재앙을 겪습니다.

"그러나 바로의 마음이 강퍅하여 그들을 듣지 아니하니 여호와의 말씀과 같더라"(출 7:13)

3장
피, 개구리, 이의 재앙

> 모세와 아론이 여호와의 명하신 대로 행하여 …
> 지팡이를 들어 하수를 치니 그 물이 다 피로 변하고 …
> 아론이 팔을 애굽 물들 위에 펴매
> 개구리가 올라와서 애굽 땅에 덮이니 …
> 아론이 지팡이를 잡고 손을 들어 땅의 티끌을 치매
> 애굽 온 땅의 티끌이 다 이가 되어 사람과 생축에게 오르니 …
> 술객이 바로에게 고하되 이는 하나님의 권능이니이다 하나
> 바로의 마음이 강퍅케 되어 그들을 듣지 아니하였으니
> (출 7:20~8:19)

하나님께서는 모세에게 바로의 마음이 완강하여 지팡이가 뱀으로 변하는 이적을 보고도 이스라엘 백성 보내기를 거절할 것을 미리 알려 주셨습니다. 그리고 앞으로 행할 일을 구체적으로 말씀하십니다.

"아침에 너는 바로에게로 가라 그가 물로 나오리니 너는 하숫가에 서서 그를 맞으며 그 뱀 되었던 지팡이를 손에 잡고"(출 7:15)

모세는 때마침 하숫가를 거닐던 바로와 맞닥뜨립니다. 그는 뱀이 되었던 지팡이를 손에 잡은 채 하나님 말씀을 전하였습니다.

"히브리 사람의 하나님 여호와께서 나를 왕에게 보내어 이르시되 내 백성을 보내라 그들이 광야에서 나를 섬길 것이니라 하였으나 이제까지 네가 듣지 아니하도다 여호와가 이같이 이르노니 네가 이로 인하여 나를 여호와인 줄 알리라 하셨느니라"(출 7:16~17)

"볼지어다 내가 내 손의 지팡이로 하수를 치면 그것이 피로 변하고 하수의 고기가 죽고 그 물에서는 악취가 나리니 애굽 사람들이 그 물 마시기를 싫어하리라"(출 7:17~18)

피의 재앙

물은 우리 생명과 직결된 것입니다. 인체의 70%가 물로 이루어졌을 만큼 생명체가 살아가는 데 필수 요소입니다.

오늘날은 인구 증가와 활발한 산업활동으로 많은 국가에서 물 부족 현상이 생겨나고 있습니다. 그래서 UN에서는 '세계 물의 날'을 제정하여 각 나라에 물의 중요성을 인식시키고 잘 관리하도록 장려합니다.

과거에도 관료를 따로 두어 물을 관리한 나라들이 있었습니다. 그만큼 물은 인간의 삶에 차지하는 비중이 크기 때문입니다. 그런데 만일 온 나라 안의 물이 피로 변한다면 얼마나 큰 일이겠습니까? 애굽 왕 바로와 백성은 하루아침에 식수의 원천인 하수가 피로 변하는 놀라운 일을 만나게 됩니다.

모세와 아론이 하나님께서 명하신 대로 행하여 바로와 신하들의 목전에서 지팡이로 하수를 치니 그 물이 다 피로 변하고 하수의 고기가 죽고 말았습니다. 물에서 악취가 나 애굽 사람들이 물을 마시지 못하였고 온 땅에 피가 있었습니다. 이로 인해 애굽 사람들은 하숫가를 두루 파서 마실 물을 구해야 했는데 이것이 바로 첫 번째 재앙입니다.

피의 재앙의 영적인 의미

애굽 곧 이집트는 국토의 대부분이 사막과 광야로 이루어진 만큼 물이 절실한 나라입니다. 따라서 물이 피로 변하자 바로와 백성은 큰 고통을 받아야 했습니다. 식수와 생활용수 문제 외에도 죽은 물고기가 부패하여 악취가 진동하는 등 불편함이 이루 말할 수 없었지요.

이처럼 피의 재앙은 영적으로 우리의 생활과 직결되는 문제로 인해 고통받는 것을 의미합니다. 가족, 친구, 동료 등 자신과 가까운 사람 또는 주변으로부터 짜증스럽고 고통스러운 일들이 생겨나는 것입니다.

이를 신앙생활과 연관지어 생각해 보면 가까운 친구나 부모, 일가친척이나 이웃으로부터 핍박이나 시험이 오는 일에 비유할 수 있습니다. 물론 믿음이 큰 사람이라면 능히 극복하고 승리할 수 있겠지만, 초신자나 아직 믿음이 연약한 사람은 핍박이나 시험으로 인해 큰 고통을 느끼게 됩니다.

여기서 잠시 시험에 대해 살펴보면, 시험이 오는 경우는 크게 두 가지로 나눌 수 있습니다. 즉 악이 있는 사람에게 임하는 시험과 악이 없는 사람에게 하나님께서 축복을 주기 위해 허락하시는 시험입니다.

악이 있는 사람에게 오는 시험

악이 있는 사람에게 오는 시험은 다시 둘로 나눌 수 있는데 첫째는, 하나님 말씀대로 살지 못하므로 시험이 찾아오는 경우입니다. 이때는 신속히 회개하고 돌이키면 하나님께서 이를 거두어 주십니다.

야고보서 1장 13~14절에 "사람이 시험을 받을 때에 내가 하나님께 시험을 받는다 하지 말지니 하나님은 악에게 시험을 받지도 아니하시고 친히 아무도 시험하지 아니하시느니라 오직 각 사람이 시험을 받는 것은 자기 욕심에 끌려 미혹됨이니"라고 말씀하셨습니다. 우리가 어려움을 만나는 것은 자신의 욕심에 끌려 미혹되어 하나님 말씀 안에 살지 못하므로 원수 마귀 사단이 시험을 가져다주기 때문입니다.

둘째는, 하나님을 믿으려고 하고 열심을 내는데도 시험을 당하는 경우입니다. 아직 믿음이 연약할 때에 믿음에서 떠나게 하려는 사단의 역사이며, 훼방입니다.

이때 우유부단하게 행동하며 타협하면 문제가 해결되기는커녕 어려움이 가중되고 축복과 점점 멀어집니다. 그나마 갖고 있던 믿음을 잃고 다시 세상으로 향하기도 합니다.

　이 두 가지는 악이 있어 임하는 경우이니 자신의 악의 모양을 열심히 발견해서 돌이켜야 합니다. 이와 함께 믿음으로 기도하고 감사하면 시험을 극복하고 승리할 수 있습니다.

　모세가 만든 뱀이 술객이 만든 뱀을 삼킨 것처럼 사단의 세계도 모두 하나님의 주관 아래 있습니다. 하나님께서는 처음 모세를 부르실 때에 지팡이를 던져 뱀이 되게 하시고 다시 뱀을 잡으니 지팡이로 회복되는 이적을 보여 주셨습니다(출 4:4). 이는 사단의 역사를 통해 시험이 왔다 해도 믿음을 내보이며 하나님께 전폭적으로 의지하면 원상으로 회복시켜 주신다는 것을 의미합니다.

　그러나 적당히 타협한다면 이는 믿음이 아니기 때문에 하나님의 역사를 체험할 수 없습니다. 시험이 올 때 하나님 앞에 온전히 의지하여 그 시험을 거두어 주시는 하나님의 능력을 볼 수 있어야 합니다.

　모든 것은 하나님의 주권하에 있으니 큰 문제나 작은 문제나 살아 계신 하나님께 전폭적으로 의지하고 맡기며 하나님 말씀을 준행해 나가면 어떠한 시험이 와도 상관이 없습니다. 하나님께서 모든 문제를 해결해 주시며 범사에 형통하도록 이끌어 가시기 때문입니다.

　여기서 중요한 점은 작은 재앙은 쉽게 원상으로 회복될 수 있지만, 큰 재앙은 온전히 회복되기가 쉽지 않다는 사실입니다. 따라서 항상 진리인 하나님 말씀으로 자신을 점검하여 악의 모양을 버리고 그 말씀대로 행하여 재앙을 만나는 일이 없어야 합니다.

믿음의 사람에게 오는 시험은 오히려 축복

악의 모양이 없고 믿음이 좋은 사람에게 시험이 오는 경우도 있습니다. 사도 바울이나 아브라함, 다니엘과 그의 세 친구, 예레미야 등 믿음의 선진들도 많은 시험을 당하였고 심지어 예수님도 마귀에게 세 차례의 시험을 받으셨습니다.

이처럼 믿음의 사람에게 오는 시험은 축복이므로 기뻐하고 감사하며 하나님을 전적으로 의지하고 나아가면 반드시 축복으로 바뀌어 하나님께 영광 돌리게 됩니다.

믿음의 사람에게는 시험을 통과하여 축복을 받는 예는 있지만 재앙이 임하지는 않습니다. 재앙은 자신에게 잘못이 있을 때 임하는 것이기 때문입니다.

예를 들어, 사도 바울은 주를 위하여 많은 핍박을 받았으나 이를 통해 더욱 능력을 받아 이방인의 사도로 로마를 복음화하는 데 앞장섰습니다. 다니엘은 자신을 시기하여 죽이려는 사람들의 궤계 앞에서도 타협하지 않고 기도를 쉬지 않으며 오직 정도를 걸었습니다. 이로 인해 사자 굴에 던져졌지만 아무런 해를 받지 않음으로 하나님께 크게 영광 돌렸습니다.

예레미야는 자기 민족이 하나님 앞에 범죄하는 모습을 보고 돌이킬 것을 눈물로 호소하는 중에 매도 맞고 감옥에 갇히기도 했습니다. 그러나 바벨론의 느부갓네살 왕에 의해 예루살렘이 함락되어 수많은 사람이 포로로 잡혀가고 죽임을 당하는 상황에서도 그는 생명을 보존하였을 뿐 아니라 왕으로부터 선대받았습니다.

아브라함은 독자 이삭을 바치라는 시험을 받을 때에 믿음으로 순종하여 하나님의 벗이라 불리웠고, 왕이라 할지라도 그를 영접할 정도로 영육 간에 큰 축복을 받았습니다.

대부분의 시험은 자신에게 악의 모양이 있기 때문에 오지만 이처럼 예외적으로 하나님의 사람들이 믿음 안에서 받는 시험도 있습니다. 그러나 그 결과는 축복입니다.

개구리의 재앙

바로는 자신의 술객들도 물을 피로 변하게 하니 이스라엘 백성을 보내달라는 모세의 요청을 거절합니다. 그는 물이 없어 고통받는 백성의 어려움을 돌아보아야 할 입장이지만, 마음이 완강하니 궁으로 들어가 더 이상 마음을 쓰지 않았습니다.

바로의 강퍅한 마음으로 인해 두 번째 재앙이 임합니다.

"개구리가 하수에서 무수히 생기고 올라와서 네 궁에와 네 침실에와 네 침상 위에와 네 신하의 집에와 네 백성에게와 네 화덕에와 네 떡반죽 그

릇에 들어갈지며 개구리가 네게와 네 백성에게와 네 모든 신하에게 오르리라 하셨다 하라"(출 8:3~4)

하나님의 명에 따라 아론이 지팡이를 잡고 팔을 물 위에 펴니 수많은 개구리가 몰려와 애굽 땅을 덮기 시작했습니다. 그러자 애굽의 술객들도 자신들의 술법대로 개구리를 올라오게 하였습니다.

남극 대륙을 제외하고 전 세계적으로 분포되어 있는 개구리는 400여 종류에 이르며 몸집이 작게는 2.5cm부터 크게는 30cm에 이르기까지 다양합니다. 사람들 중에는 개구리를 식용하는 경우도 있지만, 대부분은 개구리가 눈에 띄면 놀라고 징그러워합니다. 눈은 돌출되어 있고 뒷발에는 물갈퀴가 달려 있으며 늘 피부가 축축하게 젖어 있는 모양이 보기만 해도 불쾌감이 듭니다.

그런데 한두 마리도 아니고 헤아릴 수 없이 많은 개구리가 온 나라에 들끓어 식탁 위에 앉기도 하고 침실 안까지 들어와 펄쩍펄쩍 뛰어다닌다면 어떠하겠습니까? 음식을 맛있게 먹거나 편안히 자고 휴식을 취하는 일은 꿈도 꾸지 못할 것입니다.

개구리 재앙의 영적인 의미

요한계시록 16장 13절을 보면 '개구리 같은 세 더러운 영'이라는 표현이 나오는데 개구리는 구약에 나오는 가증스러운 동물에 속하며 영적으로는 사단을 의미합니다. 개구리가 왕이 거하는 궁과 신하의 집과 백성에게 들어간다는 것은 지위고하를 막론하고 모든 사람에게 동일하게 재앙이 임함을 나타냅니다.

또 개구리가 침상 위에 올랐다는 말은 침실 안에서 일어나는 일, 곧 부부 사이에 분란이 일어남을 뜻합니다. 일례로, 아내만 신앙생활을 하는 가정에서 남편이 바람을 피운 일이 드러나면 "당신이 교회에 다니니 바람을 피운다."고 핑계를 대는 경우가 있습니다. 부부 불화의 원인을 교회의 책임으로 돌리는 남편 말을 그대로 믿고 아내가 하나님을 멀리하게 된다면 이것이 바로 침실에 사단이 분란을 일으킨 경우입니다.

이러한 재앙을 만나는 이유도 악이 있기 때문입니다. 신앙생활을 잘하는 것처럼 보이는데 막상 시험을 만나면 마음이 요동하고 기쁨과 평안이 떠나며 두려워하는 경우입니다. 그러나 하나님에 대한 사랑이 있고 참된 믿음을 가진 사람은 이 땅에서 만나는 어려움을 인하여 힘들어하지 않습니다. 오히려 승리하여 축복된 삶으로 나오지요.

개구리가 화덕과 떡반죽 그릇에도 들어갔는데, 떡반죽 그릇은 우리의 일용할 양식을, 화덕은 일터와 사업터를 의미합니다. 이는 가정, 일터, 사업터와 일용할 양식에까지 사단이 역사하여 어려운 상황에 직면하는 것을 뜻합니다.

이때 "내가 예수를 믿었더니 이런 시험이 오는구나." 하며 시험을 이기지 못하고 다시 세상으로 향하는 경우가 있습니다. 그러면 구원과 영생의 길에서 멀어집니다. 반면에 자신의 믿음이 부족하고 악이 있기 때문에 어려움이 찾아왔음을 인정하고 회개하면 사단의 훼방이 물러갑니다.

정녕 믿음이 있다면 어떤 시험이나 재앙도 문제 되지 않습니다. 설사 시험이 온다 해도 오히려 기뻐하고 감사하며 깨어 기도하면 모든 문제가 해결됩니다.

"여호와께 구하여 개구리를 나와 내 백성에게서 떠나게 하라 내가 이 백성을 보내리니 그들이 여호와께 희생을 드릴 것이니라"(출 8:8)

바로는 온 나라에 들끓는 개구리들을 떠나게 해달라고 모세와 아론에게 간청합니다. 결국 모세의 기도로 개구리들이 집과 마당, 밭에서 나와 모두 죽습니다. 사람들이 죽은 개구리를 모아 무더기로 쌓으니 악취가 진동했지만, 그나마 한숨 돌릴 수 있게 되었습니다.

그런데 개구리로 인한 고통이 사라지고 숨통이 트이자, 바로는 또다시 마음이 달라집니다. 개구리 떼만 떠나게 해 주면 백성을 보내 주리라 약속했지만 손바닥 뒤집듯 번복합니다.

"바로가 숨을 통할 수 있음을 볼 때에 그 마음을 완강케 하여 그들을 듣지 아니하였으니 여호와의 말씀과 같더라"(출 8:15)

완강이라는 말은 모질고 고집이 세다는 뜻입니다. 계속하여 하나님의 역사를 보고도 바로는 모세의 말을 듣지 않았습니다. 그 결과 이의 재앙이 시작되었습니다.

이의 재앙

하나님께서 모세에게 이르시되 "아론에게 명하기를 네 지팡이를 들어 땅의 티끌을 치라 하라 그것이 온 땅에서 이가 되리라" 했습니다. 모세와 아론이 그대로 행하니 애굽 온 땅의 티끌이 다 이가 되어 사람과 생축에게 올랐습니다. 애굽의 술객들도 자기들의 술법으로 이와 같이 행하려고 하였지만, 이때부터는 마음대로 되지 않았습니다. 결국 사람의 힘으로 할 수 없음을 깨닫고 바로에게 고백하였습니다.

"이는 하나님의 권능이니이다"(출 8:19)

술객들은 지금까지 속임수와 술수로 지팡이를 뱀이 되게 하고 물을 피로 변하게 하고 개구리를 불러들이는 일을 어느 정도 흉내 냈지만 더 이상의 능력은 행할 수 없었습니다. 결국 이들도 모세를 통해 나타나는 일들이 하나님의 권능의 역사임을 인정할 수밖에 없었습니다. 그런데도 바로는 마음이 강퍅하여 모세의 말을 듣지 않았습니다.

이의 재앙의 영적인 의미

'이'는 더러운 곳에 기생하는 작은 곤충으로 사람이나 짐승의 몸에 붙어서 피를 빨아 먹습니다. 머리나 옷, 짐승의 털 등에 기생하며 그 종류만 해도 3,300여 종에 이릅니다. 이가 사람의 몸에 기생하며 피를 빨게 되면 몹시 가렵고 2차 감염, 즉 재귀열이나 발진티푸스 등을 일으키기도 합니다. 오늘날은 의식주 생활의 발달로 이를 찾아보기가 쉽지 않지만 옛날에는 위생 상태가 좋지 않으므로 사람에게도 이가 많이 기생하였습니다.

그러면 이의 재앙이란 구체적으로 어떤 것일까요?

땅의 티끌이 변하여 이가 되었다고 했는데, 티끌은 입으로 훅 불기만 해도 날아갈 정도로 아주 작습니다. 보통 3~4mm부터 0.5mm의 작은 것까지 있습니다.

따라서 이의 재앙은 생명이 없고 쓸모도 없는 티끌이 살아 움직이는 이가 되어 피를 빨아 먹으며 가렵고 귀찮게 하듯, 아무 일도 아닌 것처럼 잠재되어 있던 작은 일들이 갑자기 큰 일로 비화되어 고통을 주는 상황을 말합니다.

일반적으로 가려움은 다른 질병에 비해 작은 고통이라고 말할 수도 있지만 겪어 본 사람은 얼마나 귀찮고 힘든지 압니다. 이는 더러운 곳에 기생하므로 이의 재앙은 악의 모양이 잠재되어 있는 사람에게 임한다는 것을 의미합니다.

예를 들어, 형제나 부부간의 사소한 말다툼이 큰 싸움으로 확대되는 경우, 예전에 있었던 사소한 일이나 잊고 있었던 일에 대해 무심코 꺼낸 말이 큰 싸움으로 번지는 경우도 이의 재앙에 해당합니다. 마음에 있던 시기 질투와 같은 악의 모양이 미움으로 싹튼다든가, 분을 참지 못하고 혈기를 내는 경우, 사소한 거짓말을 숨기려다 커다란 거짓말을 낳게 되는 경우도 그 예입니다.

뿐만 아니라 악의 모양이 잠재되어 있으면 마음의 고통을 받고 신앙생활이 힘들게 느껴지며 사소한 질병 등이 틈타게 되는데 이 역시 이의 재앙입니다. 갑자기 열병이나 감기에 걸리거나 사소한 다툼 또는 문제가 생겼다면 자신을 돌아보아 신속히 회개해야 합니다.

그러면 생축에게 이가 올랐다는 말은 어떤 의미일까요? 생축은 살아 있는 동물입니다. 그 당시 가축은 땅과 더불어 재산의 척도가 되었습니다. 왕과 신하, 백성 모두 땅이 있었고 짐승들을 길러 자기의 소유로 만들었습니다.

오늘날 우리의 소유물은 무엇입니까? 집이나 땅, 사업터, 일터뿐 아니라 가족도 이에 포함됩니다. 그런데 생축이란 살아 있는 것이니 동거하는 가족을 의미합니다.

사람과 생축에게 이가 올랐다는 것은 사소한 문제들이 발전하여 자신뿐만 아니라 가족까지도 함께 고통을 받게 된다는 뜻입니다. 부모의 잘못으로 사랑하는 자녀가 고통을 받거나 아내의 잘못으로 인해 남편이 괴로움을 당하게 되는 경우 등이 그 예입니다.

주변을 보면 어린아이들이 아토피와 같은 피부병으로 고통받는 경우가 있습니다. 처음에는 가벼운 가려움증으로 시작하여 이내 온몸으로 번져 진물이 나고 부스럼이 덮이기도 합니다. 심한 아이는 머리에서 발끝까지 피부가 갈라져 진물이 흐르기도 하고 살결이 찢어져 고름과 피로 성할 날이 없습니다. 부모 입장에서 그런 자녀의 모습을 볼 때 아무것도 해 줄 수 없다는 사실이 안타깝다 못해 가슴을 저미는 듯하다고 고백하지요.

어린 자녀들의 질병은 부모의 잘못으로 인해 오는 경우가 많습니다. 이때 부모가 자신의 신앙을 점검하면서 사명을 제대로 감당하지 않았다든가 혹은 화평하지 못했던 일 등 하나님 앞에 합당하지 않은 모습들을 회개하면 신속하게 치료가 됩니다.

이러한 일이 생기는 것도 악에서 돌이키게 하기 위한 하나님의 사랑임을 깨우칠 수 있습니다. 이의 재앙은 우리에게 악의 모양이 있어 임하므로 사소한 일이라도 우연으로 돌리지 말고 마음 안에 있는 악의 모양을 발견하여 신속히 회개하고 돌이켜야 하겠습니다.

4장

파리, 악질, 독종의 재앙

> 네가 만일 내 백성을 보내지 아니하면
> 내가 너와 네 신하와 네 백성과 네 집들에
> 파리 떼를 보내리니 …
> 네가 만일 그들 보내기를 거절하고 억지로 잡아두면
> 여호와의 손이 들에 있는 네 생축
> 곧 말과 나귀와 약대와 우양에게 더하리니
> 심한 악질이 있을 것이며 …
> 독종이 술객들로부터 애굽 모든 사람에게 발하였음이라
> (출 8:21~9:11)

이의 재앙을 통해 하나님의 권능을 인정하였던 애굽의 술사들과는 달리 바로는 여전히 마음이 강퍅하여 모세의 말을 듣지 않았습니다. 물론 지금까지 모세를 통해 나타난 권능만으로도 충분히 하나님을 믿을 수 있었지만 자신의 힘과 권세를 의지하며 스스로 신과 같이 여겼기에 하나님을 두려워하지 않았지요.

이처럼 여러 재앙이 계속되는데도 돌이키기는커녕 오히려 마음이 더 강퍅해지니 재앙도 점점 더 커집니다. 이의 재앙까지만 해도 돌이키면 바로 회복될 수 있었지만 이제부터는 점점 돌이키기 힘든 지경으로 치닫게 됩니다.

파리의 재앙

하나님 말씀에 순종하여 아침 일찍 바로 앞에 나간 모세는 그에게 다시금 이스라엘 백성을 보내라는 하나님의 뜻을 전합니다.

"내 백성을 보내라 그들이 나를 섬길 것이니라"(출 8:20)

그럼에도 불구하고 바로는 모세의 말을 듣지 않았고 결국 파리의 재앙이 임하였습니다. 바로의 궁과 신하의 집은 물론 애굽 전역에 파리 떼가 들끓었지요.

파리는 이질이나 장티푸스, 콜레라, 결핵, 나병 등과 같은 전염병을 옮기는 곤충입니다. 흔히 볼 수 있는 집파리는 배설물, 쓰레기장 등 어디서나 번식합니다. 음식물과 배설물 등을 가리지 않고 먹으며, 소화작용도 빨라 5분 간격으로 배설합니다. 배설물 속에 있는 각종 병원체가 음식이나 그릇에 묻어 사람의 몸속으로 침투합니다. 또 발이나 점액질로 뒤덮인 입 등에 병원체를 묻혀 옮기기도 합니다.

오늘날은 의학의 발달로 예방과 치료가 가능하기 때문에 파리로 인한 전염병이 그다지 심각하지 않지만 옛날에는 한번 전염병이 돌면 많은 사람이 생명을 잃었습니다. 또 전염병이 아니라 해도 각종 더러운 곳을 옮겨다니는 파리가 음식물에 앉으면 불쾌감을 줍니다.

이러한 파리 떼가 애굽 땅에 가득하였으니 백성이 받은 고통이 얼마나 컸겠습니까? 보는 자체만으로도 두려울 정도였겠지요. 수많은 파리 떼로 인하여 애굽 전역이 해를 받았는데 이는 바로뿐만 아니라 애굽 사람들의 패역함이 온 땅에 미쳤다는 것을 의미합니다. 그러나 하나님께서는 이스라엘 백성이 사는 고센 땅에는 파리 떼가 없게 하여 이스라엘 백성과 애굽 백성을 구별하는 표징을 삼으셨습니다.

"너희는 가서 이 땅에서 너희 하나님께 희생을 드리라"(출 8:25)

하나님께서 첫 번째 재앙을 내리기 전에 이미 광야에서 제사를 드리라고 말씀하셨는데도, 바로는 광야로 가지 말고 애굽에서 제사를 드리라고 말합니다. 그러자 모세가 거절하며 그 이유를 말해 줍니다.

"하나님 여호와께 희생을 드리는 것은 애굽 사람의 미워하는 바이온즉 우리가 만일 애굽 사람의 목전에서 희생을 드리면 그들이 그것을 미워하여 우리를 돌로 치지 아니하리이까"(출 8:26)

이러한 이유로 모세는 사흘 길쯤 광야로 들어가서 희생(제사)을 드리되 하나님께서 명하시는 대로 하겠다고 말합니다. 이에 바로는 광야에서 희생(제사)을 드리되 너무 멀리 가지 말고 자신을 위해 기도해 주기를 구합니다. 그러자 모세는 그에게 내일이면 파리 떼가 사라질 것을 알려 주면서 이스라엘 백성을 보내는 일에 거짓이 없어야 한다고 말했습니다. 그러나 모세의 기도로 파리 떼가 떠나자, 바로는 또다시 마음이 변하여 이스라엘 백성을 보내지 않았습니다.

파리 재앙의 영적인 의미

파리가 더러운 곳에서 생겨나 여러 전염병을 옮기는 것과 같이, 사람의 마음이 악하고 더러우면 입술을 통해 악한 말이 나오고 이로 인해 각종 질병이나 문제가 발생하게 됩니다. 이것이 파리의 재앙입니다. 이러한 재앙은 자신뿐 아니라 자녀나 남편 혹은 아내, 일터에도 임할 수 있습니다.

마태복음 15장 18~19절을 보면 "입에서 나오는 것들은 마음에서 나오나니 이것이야말로 사람을 더럽게 하느니라 마음에서 나오는 것은 악한 생각과 살인과 간음과 음란과 도적질과 거짓 증거와 훼방이니" 말씀했습니다.

사람의 마음에 있는 것이 입술로 나옵니다. 선한 마음에서는 선한 말이 나오지만 마음이 더러우면 더러운 말이 나오고, 거짓되고 간사하며 미움이나 혈기가 있으면 거짓되고 간사한 말, 미움과 혈기 등 악한 말과 행동이 나옵니다. 수군수군 판단하고 정죄하는 말도 악하고 더러운 마음에서 나옵니다. 그래서 마태복음 15장 11절에 "입에 들어가는 것이 사람을 더럽게 하는 것이 아니라 입에서 나오는 그것이 사람을 더럽게 하는 것이니라" 말씀하고 있습니다.

일반적으로 하나님을 믿지 않는 사람이라 해도 '말이 씨가 된다.'고 하거나 '발 없는 말이 천 리 간다.'는 등 비유를 들어 말의 중요성을 강조합니다. 이미 입에서 나간 말은 다시 돌이킬 수 없으며, 더욱이 신앙 안에서는 입술의 고백이 참으로 중요합니다. 자신이 어떠한 말을 내느냐에 따라 좋은 결과가 올 수도, 나쁜 결과가 올 수도 있기 때문입니다.

만일 감기나 가벼운 전염병이 왔다면 이의 재앙에 해당하므로 회개하고 돌이키면 즉시 치료받을 수 있지만, 파리의 재앙부터는 회개해도 즉시 낫지 않습니다. 더 큰 악으로 말미암아 온 것이므로 그에 대한 보응이 따릅니다. 따라서 파리의 재앙이 임했을 때에는 악한 말 등 그동안 쌓은 악들을 철저히 돌이켜 통회자복해야 치료받고 문제가 해결될 수 있습니다.

성경에도 악한 말에 대한 보응을 받은 인물이 나옵니다. 이스라엘의 초대 왕 사울의 딸이자 다윗의 아내였던 미갈입니다. 사무엘하 6장을 보면 다윗이 하나님의 법궤를 다윗 성으로 옮겨올 때 너무나 기쁜 나머지 힘을 다해 춤을 추었습니다.

법궤는 하나님의 임재의 상징으로 사사 시대에 블레셋에게 빼앗겼다가 되찾았지만 성막 안에 두지 못하고 70여 년간 기럇여아림에 임시로 두게 됩니다. 그러던 중 다윗이 왕위에 올라 드디어 예루살렘에 마련된 성막으로 법궤를 옮기게 되었으니 그 기쁨이 어떠했겠습니까? 다윗뿐만 아니라 온 이스라엘 백성이 기뻐하고 즐거워하며 하나님께 찬송을 드렸습니다. 이러한 모습을 바라보며 함께 즐거워하고 기뻐해야 할 미갈은 오히려 왕을

업신여기며 멸시하였습니다.

"이스라엘 왕이 오늘날 어떻게 영화로우신지 방탕한 자가 염치없이 자기의 몸을 드러내는 것처럼 오늘날 그 신복의 계집종의 눈앞에서 몸을 드러내셨도다"(삼하 6:20)

그러자 하나님의 사랑을 받는 다윗은 어떤 고백을 했을까요?

"이는 여호와 앞에서 한 것이니라 저가 네 아비와 그 온 집을 버리시고 나를 택하사 나로 여호와의 백성 이스라엘의 주권자를 삼으셨으니 내가 여호와 앞에서 뛰놀리라 내가 이보다 더 낮아져서 스스로 천하게 보일지라도 네가 말한 바 계집종에게는 내가 높임을 받으리라"(삼하 6:21~22)

결국 악한 말을 낸 미갈은 죽는 날까지 자녀를 갖지 못하는 석녀가 되고 말았습니다. 이처럼 사람들은 살아가면서 입으로 많은 죄를 짓는데도 그것이 죄인지조차 깨닫지 못합니다. 입술로 내는 허물 때문에 사업터, 일터, 가정이나 자신에게 죄의 보응이 따르는데도 알지 못한 채 살아가는 경우가 많지요. 하나님께서도 말에 대한 중요성을 일깨워 주셨습니다.

"악인은 입술의 허물로 인하여 그물에 걸려도 의인은 환난에서 벗어나느니라 사람은 입의 열매로 인하여 복록에 족하며 그 손의 행하는 대로 자기가 받느니라"(잠 12:13~14)

"사람은 입의 열매로 인하여 복록을 누리거니와 마음이 궤사한 자는 강포를 당하느니라 입을 지키는 자는 그 생명을 보전하나 입술을 크게 벌리는 자에게는 멸망이 오느니라"(잠 13:2~3)

"죽고 사는 것이 혀의 권세에 달렸나니 혀를 쓰기 좋아하는 자는 그 열매를 먹으리라"(잠 18:21)

따라서 입술에서 나오는 악한 말이 얼마나 무서운 결과를 초래하는지를 깨달아 항상 긍정적인 말, 아름답고 선한 말, 의로우며 빛이 되는 말, 믿음의 고백만을 하는 지혜로운 사람이 되어야 하겠습니다.

악질의 재앙

애굽 왕 바로가 파리의 재앙을 만나 고통을 당하고도 이스라엘 백성 보내기를 거절하자 하나님께서는 악질의 재앙을 내리셨습니다. 이번에도 하나님께서는 재앙을 내리기 전에 먼저 모세를 보내어 하나님의 뜻을 전하십니다.

"네가 만일 그들 보내기를 거절하고 억지로 잡아 두면 여호와의 손이 들에 있는 네 생축 곧 말과 나귀와 약대와 우양에게 더하리니 심한 악질이 있을 것이며 여호와가 이스라엘의 생축과 애굽의 생축을 구별하리니 이스라엘 자손에 속한 것은 하나도 죽지 아니하리라"(출 9:2~4)

결코 우연한 재해가 아니라 하나님의 권능에 의한 재앙임을 깨닫게 하기 위해 "내일 이 땅에서 이 일을 행하리라" 하며 기한을 정하셨고 다시금 돌이킬 기회를 주셨습니다.

이제까지 임한 재앙으로 하나님의 권능을 조금이라도 인정했다면 바로는 그 밤에라도 마음을 돌이켜 더 이상 재앙을 당하지 않았겠지요. 그러나 끝내 마음을 돌이키지 않았고 결국 악질이 임하여 들에 있는 애굽의 생축 곧 말과 나귀, 약대, 우양 등이 죽고 말았습니다.

하지만 이스라엘 백성의 생축은 하나도 죽지 않았습니다. 이로써 하나님이 살아 계시고 말씀대로 역사하는 분임을 분명히 알리셨습니다. 이러한 사실을 바로는 누구보다도 잘 알았지만 완강하여 마음을 돌이키지 않았습니다.

악질 재앙의 영적인 의미

악질이란 고치기 힘든 심한 전염병으로서 눈에 보이지 않게 몸 안에 번지며, 보통 가축에게 많이 발병합니다. 악질로 인해 들판에 있는 애굽의 모든 생축이 죽었으니 그 피해가 얼마나 컸는지 짐작할 수 있습니다.

악질의 예로, 14세기 중엽 유럽에 유행했던 흑사병(페스트)을 들 수 있습니다. 이는 원래 야생의 다람쥐나 쥐와 같은 동물에게 있던 돌림병입니다. 그런데 벼룩에 의해 사람에게까지 감염되어 수많은 생명을 앗아갔습니다. 그 당시에는 의학이나 생활 수준이 오늘날에 비해 낙후된 데다, 워낙 전염성이 강하여 많은 사람을 죽음으로 몰고 갔지요.

예전 시골 농가에서는 소나 말, 양과 염소 등 가축이 큰 재산이었습니다. 따라서 생축은 왕과 신하, 백성의 소유물을 의미하며 오늘날로 말하면 우리가 사는 집이나 일터, 사업터에서 함께하는 가족을 뜻합니다.

애굽의 생축에게 악질이 임한 것은 바로의 악 때문이었습니다. 그러므로 악질 재앙의 영적인 의미는 자신의 악이 쌓여 하나님께서 외면하심으로 가족에게 고치기 힘든 질병이 생기는 것을 말합니다. 예를 들면, 부모가 하나님 앞에 불순종하여 사랑하는 자녀에게, 아내나 남편의 악함으로 인해 배우자에게 중한 질병이 드는 경우입니다. 이러한 재앙이 임했다면 자신을 돌아볼 뿐 아니라 가족들이 함께 회개하고 돌이켜야 합니다.

출애굽기 20장 4절 이하를 보면 우상을 섬기는 죄에 대한 보응이 삼사 대까지도 임한다고 말씀했습니다. 그래서 심하게 우상을 숭배한 가정에서 태어난 아이들은 선천적 장애가 있거나 정신적으로 온전하지 않은 경우가 많습니다.

물론 사랑의 하나님께서 무조건 보응하시지는 않습니다. 자손이 선하여 주님을 영접하고 믿음 안에 살아간다면 부모나 조상의 죄로 인한 재앙이 임하지 않습니다. 부모로부터 물려받은 악의 모습에 더욱 악을 쌓아

가는 자녀에게 죄에 대한 보응이 임합니다. 이러한 사실을 깨달아 항상 진리 가운데 살며 혹 가족에게 고치기 힘든 질병이 생겼다면 자신의 죄로 인한 것은 아닌지를 돌아보아야 합니다.

독종의 재앙

애굽의 생축들이 죽어가는 것을 본 바로는 이스라엘 백성이 사는 고센 땅으로 사람을 보내어 상황을 살피게 하였습니다. 애굽과는 달리 고센 땅에는 어떠한 가축도 죽지 않았지요. 이처럼 누구도 부인할 수 없는 하나님의 권능을 보고도 바로는 돌이키지 않았습니다.

"바로가 보내어 본즉 이스라엘의 생축은 하나도 죽지 아니하였더라 그러나 바로의 마음이 완강하여 백성을 보내지 아니하니라"(출 9:7)

이제 하나님께서는 모세에게 풀무의 재 두 움큼을 가지고 바로의 목전에서 하늘을 향하여 날리라고 말씀하십니다. 모세가 그 말씀대로 행하니 재가 애굽 온 땅의 티끌이 되어 애굽의 모든 사람과 짐승에게 붙어서 독종이 발하였습니다.

독종(boil)이란 악성 부스럼이나 종기입니다. 처음에는 작은 염증으로 시작하여 점점 커지면서 붓거나 곪아 진물이 나기도 합니다. 10cm 이상 큰 것도 있으며 심한 경우 수술을 해야 합니다. 높은 열과 함께 몸살 증상이 나타나기도 합니다. 이러한 독종이 애굽 사람과 짐승에게 발하고 술객도 독종으로 인하여 모세 앞에 서지 못했습니다. 악질의 재앙은 생축들에게만 임했지만 독종의 재앙은 짐승뿐만 아니라 사람에게까지 임했습니다.

독종 재앙의 영적인 의미

악질이 겉으로 드러나지 않는 내적인 병이라면 독종은 내부에 생긴 병이 깊어져 외부로 드러나는 경우입니다. 예를 들어, 조그마한 암 덩어리가 점점 자라 외부로 드러나는 것을 말하지요. 흔히 중풍이라 불리는 뇌졸중이나 폐병, 에이즈 등도 이에 해당합니다.

이런 질병들은 완악한 성품을 가진 사람에게 많이 발병합니다. 사람마다 다르겠지만 혈기가 많은가 하면 교만하여 다른 사람의 잘못을 용서하지 않고 자신이 제일이라고 생각합니다. 또한 자기주장만 내세우며 상대를 무시해 버리기도 하는데 대부분 사랑이 부족한 경우입니다. 바로 이러한 이유로 독종의 재앙이 임합니다.

간혹 '저 사람은 온유하고 선해 보이는데 왜 질병으로 고통받고 있는 것일까?' 하고 의아해하실 분도 있을 것입니다. 그러나 사람이 보기에는 온유하여도 중심을 보시는 하나님 편에서는 그렇지 않을 수 있습니다. 혹 본인의 마음이 강퍅하지 않다면 그 부모나 조상이 하나님 앞에 큰 죄를 범했을 수도 있지요(출 20:5). 이처럼 가족에게 그 원인이 있어 재앙이 임했을 때에는 온 가족이 회개하고 돌이키면 됩니다.

그런데 부모나 조상의 죄로 인해 자녀가 독종의 재앙을 받았다 할지라도 근본적인 문제는 그 자녀에게 있다는 사실을 알아야 합니다. 부모가 우상을 섬겼다 해도 자녀가 하나님 말씀 안에 살 때에는 재앙이 임하지 않기 때문입니다.

자신이 하나님 말씀대로 살지 못하기 때문에 우상을 섬긴 부모나 조상의 죄가 삼사 대에 걸쳐 임하는 것이지 본인이 진리 가운데 산다면 공의로우신 하나님께서 지키고 보호하시니 문제 될 것이 없습니다.

하나님께서는 사랑이시므로 한 영혼을 천하보다 귀하게 여기고 한 사람이라도 더 구원에 이르기를 원하십니다. 또 모든 사람이 진리 안에 거하여 항상 승리하는 삶을 영위하기를 원하시지요. 그러니 재앙은 우리로 하여금 죄악을 회개하고 돌이키도록 하기 위해 허락하시는 하나님의 사랑입니다.

피의 재앙이나 개구리, 이의 재앙은 사단의 역사로 인해 따르는 재앙이지만 상대적으로 미약하여 회개하고 돌이키면 쉽게 해결됩니다. 반면에 파리의 재앙이나 악질, 독종의 재앙은 죄가 그만큼 중하여 온 것이므로 마음을 찢고 철저히 통회자복해야 해결됩니다(주제설교 모음 『치료하는 여호와』 참조). 혹여 이러한 재앙을 겪고 있다면 진리인 하나님 말씀으로 자신을 비춰보아 하나님 앞에 합당치 못한 모습을 회개하는 지혜로운 사람이 되어야 하겠습니다.

5장
우박, 메뚜기의 재앙

모세가 하늘을 향하여 지팡이를 들매
여호와께서 뇌성과 우박을 보내시고
불을 내려 땅에 달리게 하시니라 …
모세가 애굽 땅 위에 그 지팡이를 들매
여호와께서 동풍을 일으켜 온 낮과 온 밤에 불게 하시니
아침에 미쳐 동풍이 메뚜기를 불어 들인지라 …
(출 9:23~10:20)

진정 자녀를 사랑하는 부모는 자녀가 곁길로 갈 때 엄히 훈계하며 초달도 마다하지 않습니다. 초달이란 자녀나 제자의 잘못을 바로잡기 위해 회초리를 드는 일을 말합니다. 그렇게 해서라도 자녀가 잘되기를 원하는 것이 부모의 마음입니다. 말로 타일러서 되지 않을 때는 잠시 아픔이 있더라도 매를 통해 마음에 새길 수 있도록 경계하는 것입니다. 사랑의 하나님께서도 악을 쌓아 가는 자녀를 잠시 외면해서라도 회개하고 돌이킬 수 있도록 재앙을 허락하십니다.

우박의 재앙

하나님께서는 단번에 큰 재앙을 내려 바로를 굴복시킬 수도 있었습니다. 그러나 오래 참고 기다리시며 그가 깨우칠 수 있도록 작은 재앙으로부터 시작하여 점점 큰 재앙을 내리셨습니다.

"내가 손을 펴서 온역으로 너와 네 백성을 쳤더면 네가 세상에서 끊어졌을 것이나 … 네가 여전히 내 백성 앞에 자고하고 그들을 보내지 아니하느냐 내일 이맘때면 내가 중한 우박을 내리리니 애굽 개국 이래로 그 같은 것이 있지 않던 것이리라"(출 9:15~18)

여섯 번째 독종의 재앙에도 바로가 여전히 이스라엘 백성 앞에 스스로 높아지고 그들을 보내지 않자, 하나님께서는 우박의 재앙을 허락하셨습니다. 하나님께서는 모세를 통해 개국 이래로 있지 않던 우박을 내리시겠다고 알린 뒤 들판에 있는 짐승과 사람을 집으로 빨리 들이도록 기회를 주셨습니다. 그러나 그 말을 듣지 않고 밖에 있으면 사람이나 짐승이나 우박으로 인하여 죽게 될 것을 말씀하셨습니다.

신하 중에는 여러 재앙을 겪은 뒤라 모세의 말을 듣고 두려워 들에 나가 있던 종들과 가축을 모두 집으로 들인 이도 있었습니다. 하지만 여전히 하나님 말씀을 두려워하지 않는 사람들은 개의치 않았지요.

"여호와의 말씀을 마음에 두지 아니하는 자는 그 종들과 생축을 들에 그대로 두었더라"(출 9:21)

다음 날, 모세가 하늘을 향하여 지팡이를 들자 하나님께서 뇌성과 우박을 보내시고 불을 내려 애굽 온 땅을 치게 하셨습니다. 사람과 짐승은 물론 밭에 있는 모든 채소와 들판의 모든 나무를 꺾었으니 그 재앙이 얼마나 컸겠습니까?

그런데 출애굽기 9장 31~32절에 "때에 보리는 이삭이 나왔고 삼은 꽃이 피었으므로 삼과 보리가 상하였으나 그러나 밀과 나맥은 자라지 아니한 고로 상하지 아니하였더라" 하였으니 그나마 부분적인 피해였음을 보여 줍니다.

이렇게 맹렬한 우박이 쏟아지고 불덩이까지 섞여 내림으로 애굽 전역이 피해를 입었으나, 이스라엘 백성이 사는 고센 땅에는 아무런 피해도 없었습니다.

우박 재앙의 영적인 의미

일반적으로 우박은 예고 없이 쏟아지되 전국적으로 일시에 내리지 않고 일부 지역에 내리는 특성이 있습니다. 따라서 우박의 재앙은 부분적으로 큰 일이 일어나는 것을 말합니다.

또한 불 섞인 우박이 쏟아져 사람과 짐승이 죽고 밭의 채소가 상했다는 것은 어떤 불의의 사고나 일로 인하여 재산에 큰 손해를 보는 경우입니다. 사업터나 일터에 화재나 갑작스런 일로 큰 손해를 본다거나 가족 중에 질병이나 사고가 생겨 생각지 못했던 많은 돈이 드는 경우이지요.

예를 들면, 주님을 열심히 믿던 사람이 언제부터인가 돈 버는 일에 치중하다 보니 주일을 한두 번씩 빠지게 되고 나중에는 아예 주일 성수를 하지 않는 예가 있습니다. 이로 인해 하나님께 보호받지 못하므로 예고 없이 일터나 사업터에 큰 문제가 생기고, 교통사고나 질병 등으로 많은 재산을 허비하게 됩니다. 이러한 것이 우박의 재앙에 해당합니다.

대부분의 사람들이 목숨과 같이 귀하게 여기는 것은 재물입니다. "돈을 사랑함이 일만 악의 뿌리"(딤전 6:10)라고 말씀하신 대로 재물에 대한 욕심 때문에 살인, 강도, 유괴, 폭력 등 많은 범죄가 발생하고 형제간의 우애에 금이 가거나 이웃 사이에 분쟁이 일어나기도 합니다. 나라 간의 분쟁도 더 많은 영토와 자원을 차지하기 위한 물질적인 이해관계가 큰 원인이 됩니다.

하나님을 믿는다는 사람 중에도 재물의 유혹을 뿌리치지 못하고 주일 성수나 십일조를 하지 않는 등 신앙생활을 바로 하지 못하여 구원에서 멀어지는 사람이 있습니다. 이처럼 사람들은 돈을 매우 귀히 여깁니다.

그런데 우박이 내려 거의 모든 식물을 쓸어버림같이 우박의 재앙은 사람들이 그토록 귀히 여기는 재물에 큰 손해가 오는 경우입니다. 하지만 우박이 일부 지역에만 내리듯이 한꺼번에 전 재산을 잃지는 않는다는 것이 우박 재앙의 특징입니다. 이를 통해서도 하나님의 사랑을 느낄 수가 있습니다. 만일 전 재산을 송두리째 잃어버린다면 자포자기하여 돌이킬 힘마저 잃을까 하여 부분적으로 역사하시는 것입니다.

하지만 부분적인 재앙이라 해도 하나님께서는 스스로 깨달을 수 있도록 크게 역사하십니다. 더구나 당시 애굽에 내린 우박은 우리가 흔히 볼 수 있는 작은 얼음 덩어리가 아니라 매우 크고 쏟아지는 속도도 맹렬했습니다.

오늘날도 골프공이나 주먹만 한 우박이 떨어지는 일이 언론에 기사화되어 사람들을 놀라게 합니다. 하물며 당시의 우박은 하나님의 특별한 역사 가운데 재앙으로 임한 것이기 때문에 불덩이까지 섞여 있는 무서운 우박이었음을 기억해야 합니다.

우박의 재앙은 바로가 계속 악을 쌓아 가므로 임한 재앙으로서, 마음이 강퍅하고 완악하여 하나님께 순종하지 않는 사람에게도 임할 수가 있습니다.

메뚜기의 재앙

우박으로 인해 나무와 채소가 상하며 들에 있던 생축이 죽고 사람마저 죽자 바로는 드디어 자신의 잘못을 인정합니다.

"이번은 내가 범죄하였노라 여호와는 의로우시고 나와 나의 백성은 악하도다"(출 9:27)

바로는 다급히 회개하며, 모세에게 우박을 그치게 해 달라고 부탁합니다.

"여호와께 구하여 이 뇌성과 우박을 그만 그치게 하라 내가 너희를 보내리니 너희가 다시는 머물지 아니하리라"(출 9:28)

모세는 아직도 바로가 마음을 돌이키지 않았음을 알았지만 그로 하여금 또다시 하나님의 살아 계심과, 모든 나라와 세계가 하나님께 속해 있음을 깨닫게 하기 위해 두 손을 들어 하나님께 향하였습니다. 비와 우박과 뇌성이 그치자마자, 예상대로 바로는 생각이 달라졌습니다. 마음 중심에서 돌이킨 것이 아니기에 재앙이 떠나자 이내 마음을 완강케 하여 이스라엘 백성을 보내지 않았습니다.

바로의 신하들도 마음이 완강하기는 마찬가지였습니다. 모세와 아론은 바로에게 메뚜기의 재앙을 예고하고 이제까지 세상에서 보지 못했던 큰 재앙이 임할 것임을 알려 주었습니다.

"메뚜기가 지면을 덮어서 사람이 땅을 볼 수 없을 것이라"(출 10:5)

그제야 바로의 신하들은 애굽이 망한다는 위기의식에 휩싸여 "그 사람들을 보내어 그 하나님 여호와를 섬기게 하소서 왕은 아직도 애굽이 망한 줄을 알지 못하시나이까?"라고 말합니다.

신하들의 말에 흔들린 바로는 모세와 아론을 다시 불렀습니다. 그러나 여호와 앞에 절기를 지키기 위해 남녀노소 그리고 우양을 모두 데리고 가겠다는 모세의 말에 오히려 악하다며 쫓아내고 말았지요. 결국 하나님께서는 여덟 번째 메뚜기의 재앙을 허락하셨습니다.

"여호와께서 모세에게 이르시되 네 손을 애굽 땅 위에 들어 메뚜기로 애굽 땅에 올라와서 우박에 상하지 아니한 밭의 모든 채소를 먹게 하라" (출 10:12)

모세가 하나님 말씀에 순종하여 지팡이를 들자, 밤낮 동풍이 불더니 헤아릴 수 없이 많은 메뚜기가 바람을 타고 날아왔습니다. 어찌나 많았던지 땅이 어둡게 될 정도였습니다. 메뚜기가 그나마 우박에 상하지 않은 밭의 채소와 나무 열매를 다 먹어 치우는 바람에 애굽 전역에 푸른 것이 남지 않았습니다.

"내가 너희 하나님 여호와와 너희에게 득죄하였으니 청컨대 나의 죄를 이번만 용서하고 너희 하나님 여호와께 구하여 이 죽음만을 내게서 떠나게

하라"(출 10:16~17)

이처럼 설마 하던 일이 현실로 드러나자, 바로는 모세와 아론을 급히 불러 간청하였습니다. 모세가 바로에게서 나가 하나님께 구했습니다. 하나님께서 강렬한 서풍을 불게 하여 메뚜기를 홍해에 몰아넣으시니 애굽 온 지경에 메뚜기가 하나도 남지 않았습니다. 그러나 이번에도 바로는 이스라엘 백성을 보내지 않았습니다.

메뚜기 재앙의 영적인 의미

메뚜기는 하찮은 곤충에 불과하지만 떼를 이루면 실로 엄청난 위력이 있습니다. 애굽은 이러한 메뚜기 떼의 습격으로 순식간에 파탄 지경에 이르렀습니다.

"메뚜기가 애굽 온 땅에 이르러 그 사방에 내리매 그 해가 심하니 이런 메뚜기는 전에도 없었고 후에도 없을러라 메뚜기가 온 지면에 덮여 날으매 땅이 어둡게 되었고 메뚜기가 우박에 상하지 아니한 밭의 채소와 나무 열매를 다 먹었으므로 애굽 전경에 나무나 밭의 채소나 푸른 것은 남지 아니하였더라"(출 10:14~15)

이런 예는 오늘날 아프리카나 인도 등에서도 볼 수 있는데 수백Km^2

에 걸쳐 수억 마리의 메뚜기가 새까만 구름 떼와 같이 몰려와 농작물뿐 아니라 들의 풀과 나뭇잎까지 다 뜯어 먹어 그 형체도 남기지 않는다고 합니다.

우박의 재앙에서는 그래도 살아남은 것이 있었습니다. 아직 자라지 않은 밀과 나맥(쌀보리) 등은 상하지 않았고, 바로의 신하들 중에서 하나님 말씀을 두려워하여 생축을 집으로 들인 사람들은 보호를 받았습니다.

메뚜기의 재앙은 이러한 우박의 재앙보다 훨씬 피해가 큽니다. 그나마 남아 있는 것까지 다 없어지니 속수무책일 수밖에 없습니다. 따라서 영적으로 메뚜기의 재앙은 모든 소유물, 곧 마지막 남은 재물까지도 다 없어져 빈손만 남게 되는 경우를 말합니다. 가정은 물론, 일터, 사업터까지 완전히 파탄에 이르는 것이지요.

대표적인 예로는 사업의 부도로 인해 전 재산을 날리고 온 가족이 뿔뿔이 흩어져 생활해야 하는 경우, 질병으로 고통받다가 점점 심해져서 가산을 탕진하게 되는 경우, 빗나간 자녀로 인해 빚더미에 올라앉는 경우 등입니다.

어떤 사람은 이러한 재앙이 계속될 때 '실수나 우연은 아닐까?' 라고 생각하기도 하지만 하나님 안에서는 결코 우연한 일이 없습니다. 하나님을 믿는다고 하면서도 이런 재앙이 임한다면 왜 그런 것일까요? 하나님 말씀을 들어 하나님의 뜻을 알았으면 말씀대로 지켜 행해야 합니다. 믿지 않는 세상 사람들과 똑같이 악을 행하며 살아간다면 하나님의 보호를 받을 수 없습니다. 거듭거듭 역사하셔도 깨닫지 못하고 돌이키지 않는 사람은 하나님께서 외면하시니 악질이나 독종 또는 우박이나 메뚜기의 재앙을 만나게 됩니다.

만일 메뚜기의 재앙을 당하여 빈손만 남게 되었다면 겸비한 마음으로 하나님 앞에 나아가야 합니다. 하나님 말씀에 비추어 잘못을 회개하고 돌이켜 빛 가운데 살면 하나님께서는 예전의 것을 회복시켜 주시고 다시 형통하게 인도해 주십니다.

6장
흑암, 장자의 재앙

> 모세가 하늘을 향하여 손을 들매
> 캄캄한 흑암이 삼 일 동안 애굽 온 땅에 있어서
> 그동안은 사람 사람이 서로 볼 수 없으며
> 자기 처소에서 일어나는 자가 없으되
> 이스라엘 자손의 거하는 곳에는 광명이 있었더라 …
> 밤중에 여호와께서 애굽 땅에서 모든 처음 난 것
> 곧 위에 앉은 바로의 장자로부터 옥에 갇힌 사람의 장자까지와
> 생축의 처음 난 것을 다 치시매 …
> 애굽에 큰 호곡이 있었으니 이는 그 나라에
> 사망치 아니한 집이 하나도 없었음이었더라 …
> (출 10:22~12:36)

성경을 보면 어려운 일을 만났을 때 하나님 앞에 죄를 자복하여 하나님의 도우심을 입었던 사람들이 많습니다.

하나님께서 히스기야 왕에게 선지자를 보내어 "네가 죽고 살지 못하리라" 하셨을 때 그는 하나님께 간절히 눈물로 기도하여 수명을 연장받았습니다. 이스라엘의 적국인 앗수르의 수도 니느웨 백성이라 해도 선지자 요나의 말을 듣고 죄악을 회개하였을 때 멸망하지 않았습니다.

이처럼 하나님께서는 죄에서 돌이키는 사람에게 긍휼을 베푸시며, 은혜

를 구하는 사람에게 은혜를 더해 주십니다. 그러나 애굽 왕 바로는 자신의 악으로 인해 여러 재앙을 당하면서도 계속 돌이키지 않았습니다.

흑암의 재앙

간혹 "지고는 못 산다."는 사람이 있습니다. 자신의 능력을 믿고 사는 사람으로서 바로가 그러했습니다. 자신을 신과 같이 여겼기 때문에 하나님을 인정하려 하지 않았지요. 애굽 온 땅이 메뚜기 떼로 황폐된 것을 보고도 마치 자존심 대결이라도 하듯 고집스럽게 이스라엘 백성을 보내지 않았습니다. 이에 하나님께서는 흑암의 재앙을 허락하십니다.

"모세가 하늘을 향하여 손을 들매 캄캄한 흑암이 삼 일 동안 애굽 온 땅에 있어서 그동안은 사람 사람이 서로 볼 수 없으며 자기 처소에서 일어나는 자가 없으되 이스라엘 자손의 거하는 곳에는 광명이 있었더라"(출 10:22~23)

얼마나 캄캄했던지 한 치 앞을 분간하기 힘들었고 집에서 움직이려는 사람이 없었습니다. 밤낮 사흘 동안 칠흑 같은 어둠 속에서 느껴야 했던 답답함과 두려움이 어떠했겠습니까.

애굽 전역에서는 사람들이 흑암 속을 헤매고 있었지만, 이스라엘 백성이 사는 고센 땅에는 광명이 있어 평소와 다름없이 평안했습니다. 어쩔 수 없이 바로는 모세를 다시 불러 보내 주겠다고 하지만 가축들은 집에 두고 자녀들만 데리고 가라고 했습니다. 어찌하든 이스라엘 백성을 붙잡아 두고자 하는 속셈이었지요.

그러나 모세는 하나님께 제사 드릴 때 백성의 가축 중에서 골라 드려야 하니 한 마리도 남길 수 없으며, 그중에 어떤 것으로 드리게 될지는 알 수 없다고 말합니다. 이에 화가 난 바로는 "다시 내 얼굴을 보지 말라 내 얼굴을 보는 날에는 죽으리라" 하며 위협했습니다. 모세는 담대히 "왕의 말씀이 옳으니이다 내가 다시는 왕의 얼굴을 보지 아니하리이다" 말한 후 물러나왔습니다.

흑암 재앙의 영적인 의미

흑암이란 심한 어둠이라는 뜻이므로 흑암의 재앙은 영적으로 어둠, 즉 죽음 직전의 재앙을 말합니다. 질병이 중해져서 도저히 소생할 수 없거나, 생명처럼 아끼는 재물까지 다 날려 버렸음에도 불구하고 여전히 회개하여 돌이키지 않는 강퍅한 사람에게 임하는 재앙입니다.

죽음을 앞에 두고 스스로 헤어나올 수 없는 캄캄한 상황으로 벼랑 끝에 서 있는 것과 같습니다. 영적으로는 하나님을 저버리고 믿음에서 완전히 떠남으로 하나님의 은혜가 거둬지니 영적인 생명이 끊어지는 것과 같은 상태입니다. 그러나 아직까지는 하나님께서 긍휼을 베푸셔서 생명을 거두지는 않으십니다.

이러한 재앙이 임하는 이유는 하나님을 전해도 믿지 않는 사람인 경우, 많은 재앙을 당하고도 여전히 하나님을 부인하고 예수 그리스도를 영접하지 않기 때문입니다. 하나님을 믿는 사람이라면 말씀대로 지켜 행하지 않고 계속해서 악을 쌓기 때문이지요.

주변을 보면 질병으로 인해 재산을 허비하고 죽을 날만 기다리는 사람들이 있는데 이들이 바로 흑암의 재앙을 당한 경우입니다. 빚 독촉으로 심한 중압감에 시달리며 밀려오는 패배감과 상실감으로 자살을 결심하는 경우도 이에 해당합니다.

심한 우울증이나 불면증, 신경쇠약 등 갖가지 신경성 질병으로 고통을 받으며 하루하루 숨 쉬는 것조차 힘겨운 삶을 살아가는 경우들도 있지요. 이때라도 자신의 악을 발견하여 회개하고 돌이키면 하나님께서는 긍휼을 베푸시고 재앙을 거두어 주십니다.

주변을 보면 바로와 같이 끝까지 하나님을 대적하는 사람이 있습니다. 자신이나 가족에게 중한 병이 들어서 전 재산을 잃고 이제는 생명이 위독한 지경이 되었는데도 끝까지 죄를 회개하지 않는 사람도 있습니다. 이와 같이 많은 재앙 속에서도 돌이키지 않고 여전히 하나님을 대적해 나갈 때 결국 죽음의 재앙이 찾아옵니다.

장자의 재앙

하나님께서는 출애굽을 위해 모세에게 다음과 같이 알려 주셨습니다.

"내가 이제 한 가지 재앙을 바로와 애굽에 내린 후에야 그가 너희를 여기서 보낼지라 그가 너희를 보낼 때에는 여기서 정녕 다 쫓아내리니 백성에게 말하여 남녀로 각기 이웃들에게 은, 금 패물을 구하게 하라"(출 11:1~2)

모세는 다시 왕 앞에 나아가면 죽을 수도 있는 상황이었지만 개의치 않고 바로 앞에 서서 하나님의 뜻을 전하였습니다.

"애굽 가운데 처음 난 것은 위에 앉은 바로의 장자로부터 맷돌 뒤에 있는 여종의 장자까지와 모든 생축의 처음 난 것이 죽을지라 애굽 전국에 전무후무한 큰 곡성이 있으리라"(출 11:5~6)

이 말대로 밤중에 바로와 모든 애굽 사람의 장자가 죽고, 모든 생축의 처음 난 것이 죽는 재앙이 임하였습니다.
그 밤에 초태생(初胎生)이 죽지 않은 집이 하나도 없었으며 애굽 온 땅에 통곡 소리가 메아리쳤습니다. 바로가 끝까지 돌이키지 않으니 죽음의 재앙까지 임하게 되었지요.

장자 재앙의 영적인 의미

장자의 재앙 곧 초태생의 재앙이란 자신이나 가장 사랑하는 자녀, 가족 중에 누군가가 죽음에 이르거나 완전히 타락하여 구원받지 못할 길로 들어가는 경우를 의미합니다.

이러한 예를 성경에서도 찾아볼 수 있습니다. 이스라엘의 초대 왕 사울은 아말렉을 진멸하라는 하나님 말씀에 불순종하고 제사장만이 드릴 수 있는 제사를 스스로 지냈습니다. 하나님께서는 이런 사울을 외면하셨습니다.

그럼에도 사울은 자신의 악을 깨닫고 돌이키기는커녕 불순종을 거듭하며, 심지어 충성된 신하인 다윗을 죽이려고까지 합니다. 백성이 다윗을 따르자, 사울은 그가 반역을 하리라는 악한 생각에 빠져듭니다. 그래서 자신을 위해 수금을 타 주는 다윗을 향해 창을 던지는가 하면, 무리한 전쟁에 내보내기도 하고 그의 집에 군사를 보내 죽이려고도 하였습니다. 뿐만 아니라 다윗을 도왔다는 이유로 제사장들을 죽이는 등 계속해서 악을 쌓아 갔지요. 결국 사울은 전쟁터에서 스스로 목숨을 끊는 비참한 최후를 맞고 말았습니다.

엘리 제사장과 그의 아들들은 어떠하였습니까? 엘리는 사사 시대에 이스라엘의 제사장이었습니다. 그에게는 두 아들이 있었는데 그들은 하나님을 알지 못하는 불량자였습니다(삼상 2:12). 하나님께 제사 드릴 음식에 먼저 손대는가 하면, 회막 문에서 수종드는 여인과 동침하는 등 많은 악을 행했지요.

자녀가 그릇된 길로 가면 바로잡아 주고, 엄히 다스려서라도 경계하는 것이 부모의 도리입니다. 그러나 엘리 제사장은 "너희가 어찌하여 이런 일을 하느냐. 그리 말라."고 나무라기만 했습니다. 끝내 아들들은 죄악에서 돌이키지 않았고 저주가 임하여 전쟁터에서 죽었습니다. 이 소식을 들은 엘리 제사장은 의자에서 넘어져 목이 부러져 죽었고 며느리는 충격을 받아 조산 끝에 목숨을 잃고 말았습니다. 이러한 경우만 보아도 아무런 이유 없이 저주가 임하거나 비참한 죽음을 맞는 것이 아님을 알 수 있습니다.

어떤 사람은 하나님 말씀에 거역된 삶을 살다가 자신 또는 가족에게 죽음이 임하는 재앙을 겪기도 합니다. 결국 죽음을 보고서야 하나님을 믿거나 다시 하나님 앞에 돌아오는 이들이 더러 있습니다. 만일 죽음에 이르는 재앙을 만나고도 돌이키지 않는다면 영원히 구원받을 수 없으니 더 큰 재앙이 아닐 수 없습니다. 그러니 재앙을 당하기 전에, 혹 재앙이 임하였다면 더 늦기 전에 죄를 회개하고 돌이켜야 합니다.

바로는 열 가지 재앙을 당하고 나서야 비로소 두려움 속에 하나님을 인정하고 이스라엘 백성이 출애굽하도록 허락하였습니다.

"너희와 이스라엘 자손은 일어나 내 백성 가운데서 떠나서 너희의 말대로 가서 여호와를 섬기며 너희의 말대로 너희의 양도 소도 몰아가고 나를

위하여 축복하라"(출 12:31~32)

바로는 열 재앙을 통해 자신의 강퍅한 마음을 드러내었고, 어쩔 수 없는 상황에 직면하자 마지못해 이스라엘 백성을 보내 주었습니다. 그러다 보니 금세 후회하며 애굽의 군대와 병거들을 동원하여 이스라엘 백성을 추격하였습니다.

"바로가 곧 그 병거를 갖추고 그 백성을 데리고 갈새 특별 병거 육백 승과 애굽의 모든 병거를 발하니 장관들이 다 거느렸더라 여호와께서 애굽 왕 바로의 마음을 강퍅케 하셨으므로 그가 이스라엘 자손의 뒤를 따르니 이스라엘 자손이 담대히 나갔음이라"(출 14:6~8)

장자의 재앙까지 만났다면 이제는 하나님 앞에 두 손 들만도 한데 군대를 동원하여 이스라엘 백성을 추격한 것을 볼 때 마음이 얼마나 강퍅하고 간사한지 알 수 있습니다. 결국 하나님께서도 용서치 않고 애굽 군대를 홍해에 수장시키셨습니다.

"여호와께서 모세에게 이르시되 네 손을 바다 위로 내어밀어 물이 애굽 사람들과 그 병거들과 마병들 위에 다시 흐르게 하라 하시니 모세가 곧 손을 바다 위로 내어밀매 새벽에 미쳐 바다의 그 세력이 회복된지라 애굽 사람들이 물을 거스려 도망하나 여호와께서 애굽 사람들을 바다 가운데 엎으시니 물이 다시 흘러 병거들과 기병들을 덮되 그들의 뒤를 쫓아 바다에 들어간 바로의 군대를 다 덮고 하나도 남기지 아니하였더라"(출 14:26~28)

거역된 삶과 순종의 삶

베드로전서 5장 8~9절에 보면 "근신하라 깨어라 너희 대적 마귀가 우는 사자같이 두루 다니며 삼킬 자를 찾나니 너희는 믿음을 굳게 하여 저를 대적하라" 했고, 요한일서 5장 18절에는 "하나님께로서 난 자마다 범죄치 아니하는 줄을 우리가 아노라 하나님께로서 나신 자가 저를 지키시매 악한 자가 저를 만지지도 못하느니라" 말씀했습니다.

깨어 있어 범죄치 않고 온전히 하나님 말씀 안에 사는 사람이라면 하나님께서 불꽃 같은 눈동자로 지켜 주시기 때문에 아무것도 염려할 필요가 없습니다.

세상에는 이런저런 재앙을 만나면서 왜 재앙을 당하는지조차 모른 채 살아가는 사람이 있습니다. 하나님을 믿고 신앙생활 하면서도 온갖 어려움을 겪는 사람도 있지요. 피의 재앙이나 이의 재앙을 만나는 사람도 있고, 우박이나 메뚜기의 재앙, 나아가 장자의 재앙을 당하는 사람도 있습니다. 그릇된 삶에서 돌이키지 않은 까닭입니다.

그러니 바로처럼 거역된 삶이 아닌 순종의 삶을 영위하여 재앙을 만나는 일이 없어야 합니다. 혹여 장자의 재앙이나 흑암의 재앙을 만날 수밖에 없는 상황에 있다면 즉시 돌이켜야 합니다. 악에서 온전히 떠나 진리로 행하면 하나님께서는 용서하고 다시 은혜를 베푸십니다.

순종의 삶에 대하여...
ON LIFE OF OBEDIENCE

네가 네 하나님 여호와의 말씀을 삼가 듣고
내가 오늘날 네게 명하는 그 모든 명령을 지켜 행하면
네 하나님 여호와께서 너를 세계 모든 민족 위에 뛰어나게 하실 것이라
...
네가 들어와도 복을 받고 나가도 복을 받을 것이니라

(신명기 28:1~6)

7장

유월절과 구원받는 길

모세와 아론에게 일러 가라사대 …
식구를 위하여 어린 양을 취하되 …
그 피로 양을 먹을 집 문 좌우 설주와 인방에 바르고
그 밤에 그 고기를 불에 구워
무교병과 쓴 나물과 아울러 먹되 …
급히 먹으라 이것이 여호와의 유월절이니라 …
내가 애굽 땅을 칠 때에 …
재앙이 너희에게 내려 멸하지 아니하리라 …
(출 12:1~28)

애굽 왕 바로와 신하들은 모세를 통해 하나님의 역사를 보면서도 끝까지 하나님 말씀을 거역하였습니다. 그 결과 애굽 땅에 재앙이 임했습니다. 처음에는 미미하였으나 계속해서 돌이키지 않으므로 각종 질병이 생기고 재물이 사라졌으며 끝내 생명까지 잃는 엄청난 일을 겪게 되지요.

반면에 동일한 애굽의 하늘 아래 산다 해도 하나님께 속한 이스라엘 백성은 재앙을 당하지 않으며 안전하게 지낼 수 있었습니다. 하나님께서 마지막 장자의 재앙으로 애굽을 치실 때에도 이스라엘 백성은 생명을 잃지 않았습니다. 하나님이 구원의 길을 알려 주셨기 때문입니다. 구원의 길은 수천 년 전의 이스라엘 백성에게만 해당하는 것이 아니라 오늘날 우리에게도 동일하게 적용되는 말씀입니다.

장자의 재앙을 면할 수 있는 길

애굽 땅에 장자의 재앙이 휩쓸고 지나가기 전에 하나님께서는 이스라엘 백성에게 피할 방법을 알려 주셨습니다.

"너희는 이스라엘 회중에게 고하여 이르라 이 달 열흘에 너희 매인이 어린 양을 취할지니 각 가족대로 그 식구를 위하여 어린 양을 취하되"(출 12:3)

피의 재앙에서 시작하여 흑암의 재앙에 이르기까지는 이스라엘 백성이 어떠한 행동을 취하지 않아도 하나님의 권능으로 지켜 주셨습니다. 그러나 마지막 재앙을 앞두고 하나님께서는 이스라엘 백성에게 순종의 행함을 원하셨습니다.

바로 어린 양을 잡아서 그 피를 집 문 좌우 설주와 인방에 바르고 그 안에서 어린 양의 고기를 불에 구워 먹는 것이었습니다. 이는 하나님께서 애굽의 모든 장자와 생축의 처음 난 것을 멸하실 때 하나님의 백성을 구별하는 표시였지요.

어린 양의 피가 있는 집에는 마지막 재앙이 임하지 않고 넘어갔기에 죽음에서 구원받은 이 날을 기념하여 유대인들은 지금까지 '유월절(逾越節)'로 지키고 있습니다. 현재 유월절은 이스라엘 민족의 최대 명절로서 양고기와 맛짜(무교병, 누룩 없는 빵), 쓴 나물 등을 먹으며 이를 기념하고 있는데, 자세한 내용은 8장에서 설명하겠습니다.

어린 양을 취하여 잡으라

하나님께서 어린 양을 취하라 하신 이유는 어린 양이 영적으로 예수 그리스도를 의미하기 때문입니다. 일반적으로 하나님을 믿는 성도들을 양이라고 표현하므로 어린 양은 초신자를 뜻한다고 오해하는 경우가 있습니다. 그러나 성경을 상고해 보면 어린 양은 예수님을 지칭한다는 사실을 알게 됩니다.

요한복음 1장 29절을 보면 세례 요한이 예수님을 가리켜 "보라 세상 죄를 지고 가는 하나님의 어린 양이로다" 했으며, 베드로전서 1장 19절에는 "오직 흠 없고 점 없는 어린 양 같은 그리스도의 보배로운 피"라고 말씀했습니다.

예수님의 성품이나 행함을 살펴보면 순한 어린 양을 연상케 합니다. "그가 다투지도 아니하며 들레지도 아니하리니 아무도 길에서 그 소리를 듣지 못하리라 상한 갈대를 꺾지 아니하며 꺼져 가는 심지를 끄지 아니하기를 심판하여 이길 때까지 하리니"(마 12:19~20) 하신 말씀만 보아도 알 수 있습니다.

양이 오직 목자의 음성을 듣고 따르듯이 예수님께서는 오직 하나님 앞에 아멘과 예로써 순종하셨습니다(계 3:14). 십자가에 달려 죽기까지 오직 하나님의 뜻대로 되기를 원하셨지요(눅 22:42).

양이 부드러운 털뿐만 아니라 젖과 영양가 높은 고기까지 제공해 주듯이 예수님께서도 죄인 된 인류를 위해 십자가에 못 박혀 물과 피를 다 쏟으심으로 하나님과 우리 사이에 화목제물로 드려지셨습니다. 그래서 성경 곳곳에 예수님을 어린 양에 비유하여 말씀하신 것입니다.

하나님께서는 유월절의 규례와 더불어 어린 양을 취하는 방법에 대해서도 구체적으로 알려 주셨습니다.

"그 어린 양에 대하여 식구가 너무 적으면 그 집의 이웃과 함께 인수를 따라서 하나를 취하며 각 사람의 식량을 따라서 너희 어린 양을 계산할 것이며 너희 어린 양은 흠 없고 일 년 된 수컷으로 하되 양이나 염소 중에서 취하고"(출 12:4~5)

만일 형편이 어렵거나 식구가 적어서 양 한 마리를 잡기가 어려울 경우에는 이웃집과 함께 양이나 염소 중에 한 마리를 취하라고 하셨습니다. 이를 통해 우리는 긍휼이 많으신 하나님의 섬세한 사랑을 느낄 수 있습니다.

'흠 없고 일 년 된 수컷'을 취하게 하신 이유는 교미하기 직전의 일 년 된 양이 가장 살이 연하고 맛이 있으며, 사람의 청년기에 해당하는 시기로 깨끗하고 아름답기 때문입니다. 하나님께서는 흠과 티가 조금도 없는 거룩하신 분이므로 가장 깨끗하고 아름다운 시기의 양, 곧 일 년 된 어린 양을 취하라고 하셨습니다.

어린 양의 피를 바르고 아침까지 문밖으로 나가지 말라

하나님께서는 어린 양을 취하되 곧바로 잡지 말고 나흘 동안 간직하였다가 해가 질 무렵에 잡으라고 말씀하십니다(출 12:6). 마음을 다해 정성스럽게 준비할 수 있도록 기간을 두셨습니다. 그러면 왜 해 질 때에 잡으라고 하셨을까요?

아담의 불순종으로 시작된 인간 경작은 크게 세 부분으로 나닙니다. 아담으로부터 아브라함이 태어날 때까지가 약 2천 년으로 인간 경작의 시작입니다. 하루로 말하면 아침에 해당하지요.

그리고 하나님께서 아브라함을 믿음의 조상으로 세우신 후 구원의 길이 되시는 예수님께서 이 땅에 오시기까지가 약 2천 년으로 하루 중 낮과 같습니다.

예수님께서 오신 후부터 지금 우리가 살고 있는 세대까지 약 2천 년이 인간 경작의 마지막 때이며, 하루 중 해 질 때입니다(요일 2:18 ; 유 1:18 ; 히 1:2 ; 벧전 1:5, 20).

예수님께서 이 땅에 오셔서 십자가에 달려 우리 죄를 대속하신 때가 인간 경작의 마지막 부분에 해당되기 때문에 하루의 끝을 나타내는 해 질 때에 어린 양을 잡으라고 하셨습니다.

그리고 하나님 말씀에 따라 어린 양의 피를 집의 문 좌우 설주와 인방에 바르게 하셨습니다(출 12:7). 여기서 '설주'는 문의 양쪽에 세워 문짝을 다는 기둥이며, '인방'이란 출입구 위에 가로놓여 벽을 받쳐 주는 나무나 돌을 말합니다.

어린 양의 피는 영적으로 예수님의 보혈을 의미하며, 그 피를 출입하는 문에 바르라고 하신 것은 예수님의 피로써 구원을 받기 때문입니다. 예수님께서 십자가에 달려 보혈을 흘려 주심으로 우리의 죄를 대속하여 생명을 구원하셨다는 영적인 뜻이 있습니다. 우리의 죄를 대속해 주시는 거룩한 피이므로 사람이 딛고 다니는 문지방에는 바르지 않도록 하고 좌우 문설주와 인방에만 바르게 하셨습니다.

"나는 양의 문이라" 하신 예수님께서 "내가 문이니 누구든지 나로 말미암아 들어가면 구원을 얻고 또는 들어가며 나오며 꼴을 얻으리라"(요 10:9) 말씀하신 대로 장자의 재앙이 임하던 밤, 피를 바르지 않은 집은 모두 죽임을 당했지만 피를 바른 집은 죽음을 면하고 구원을 받았습니다.

그러나 어린 양의 피를 발랐다 해도 문밖으로 나오면 죽음을 면할 수 없었습니다(출 12:22). 문밖으로 나가면 하나님의 언약과 상관이 없으므로 장자의 재앙을 받게 됩니다. 문밖은 영적으로 하나님과 상관이 없는 어둠이요, 비진리의 세상을 뜻하기 때문입니다. 오늘날 주님을 영접했다 해도 다시 주님을 떠나면 구원받을 수 없는 것과 같습니다.

어린 양의 고기를 불에 구워 통째로 먹으라

애굽 사람들의 집에는 죽음이 휩쓸고 지나갔으며 큰 울음소리가 있었습니다. 하나님의 권능을 수없이 목도하고도 두려워하지 않았던 바로로부터 시작하여 애굽 사람들의 슬픈 울부짖음이 고요한 밤의 정적을 깨뜨렸습니다.

그런 가운데 이스라엘 백성은 아침이 될 때까지 집 밖으로 일절 출입을 금한 채 하나님 말씀에 따라 어린 양의 고기를 먹었습니다. 이처럼 어두운 밤에 어린 양의 고기를 먹어야 하는 이유는 무엇일까요? 여기에는 깊은 영적인 의미가 담겨 있습니다.

아담이 선악과를 먹기 전에는 빛이신 하나님의 주관 아래 살았지만 불순종하여 선악과를 먹은 후로는 죄의 종이 되었습니다. 이로 인해 그의 후손인 모든 인류 역시 어둠의 주관자인 원수 마귀 사단의 주관을 받게 되었으니 영적으로는 어두운 밤이 된 것입니다.

이스라엘 백성이 어두운 밤에 어린 양의 고기를 먹었듯이, 영적으로 어두운 밤 가운데 사는 우리들도 인자의 살과 피를 먹고 마셔야 합니다. 곧 빛이요 진리이신 하나님 말씀을 마음에 양식 삼고 지켜 행해야 구원에 이를 수 있다는 의미입니다.

하나님께서는 이스라엘 백성에게 어린 양을 먹는 방법도 상세히 알려주셨습니다. 누룩을 넣지 않은 빵과 쓴 나물과 아울러 먹도록 하셨지요(출 12:8). 누룩은 발효제로서 이를 곡물에 넣어 발효시키면 음식이 더 맛있고 부드럽습니다. 빵이나 떡에 누룩을 넣지 않으면 그만큼 질기고 맛도 떨어집니다.

이스라엘 백성이 생명을 구원받아야 할 절박한 상황이었기에, 하나님께서는 어린 양의 고기를 맛없는 무교병과 쓴 나물과 함께 먹게 하심으로 이날을 기억하게 하셨습니다. 더불어 누룩은 영적으로 죄악을 의미합니다. 그러니 누룩을 넣지 않은 무교병을 먹으라는 것은 생명을 구원받기 위하여 죄악을 제하여 버리라는 의미입니다.

또한 어린 양을 불에 구워 먹되 날로나 물에 삶아서나 먹지 말고 머리와 정강이와 내장을 다 불에 구워 먹게 하셨습니다(출 12:9). 여기서 날로 먹는다는 의미는 하나님 말씀을 문자적으로 풀이하는 것을 말합니다.

예를 들어, 마태복음 6장 6절에 "너는 기도할 때에 네 골방에 들어가 문을 닫고 은밀한 중에 계신 네 아버지께 기도하라" 하신 말씀을 문자적으로 보면 캄캄한 골방에 들어가서 문을 닫고 기도해야 합니다. 그러나 성경 어디에도 하나님의 사람들이 골방에 들어가 기도하는 장면이 없습니다. 따라서 이 말씀의 영적인 의미는, 골방에 들어가면 외부와 차단되듯

잡념을 갖지 말고 마음 중심의 기도를 하라는 것입니다.

식생활에서도 고기를 날로 먹으면 기생충에 감염되거나 배탈이 날 수 있습니다. 하나님 말씀 역시 문자적으로 풀다 보면 자칫 잘못 이해하여 문제가 생기고 영적인 믿음도 주어지지 않으니 문자적으로 풀어서는 안 됩니다.

또한 물에 삶아서 먹는다는 의미는 하나님 말씀에 철학이나 과학, 의학, 인간의 생각 등을 가미하는 것을 말합니다. 고기를 물에 삶으면 육즙이 빠져나와 영양 손실이 크듯이 진리 말씀에 세상 지식을 가미한다면 유익이 되지 않습니다. 하나님 말씀은 영원히 변함없는 진리로서, 우리를 영생의 길로 인도하는 데 조금도 부족함이 없으므로 세상 지식이나 사람의 생각을 더해서는 안 됩니다.

그러면 어린 양을 불에 구워 먹으라 하신 말씀은 무슨 뜻일까요?

여기서 불은 성령의 불을 의미합니다. 즉 하나님 말씀은 성령의 감동함으로 기록한 것이기 때문에 읽고 들을 때에도 성령의 충만함과 감동함 가운데 대해야 한다는 뜻입니다. 그렇지 않으면 하나의 지식으로만 쌓일 뿐 영의 양식으로 삼을 수 없습니다.

이처럼 어린 양을 불에 구워 먹기 위해서는 뜨거운 중심의 기도가 있어야 합니다. 기도는 기름 역할을 하여 성령 충만함과 감동함의 원동력이 됩니다. 성령의 감동함이란 성령의 역사하심으로 하나님의 온전한 선과 무한한 능력을 느끼며, 하나님의 마음과 뜻을 밝히 깨닫는 차원을 말합니다. 하나님 말씀을 성령의 감동을 입어 대하면 그 말씀이 송이 꿀보다 달고 맛이 있으며, 말씀을 듣는 시간이 너무나 즐거워 아무리 들어도 지루하지 않습니다.

우리가 하나님 말씀을 들을 때 사람의 생각이나 지식 혹은 경험 등을 동원하면 이해할 수 없는 경우들이 있습니다. 일례로, 하나님께서는 오른뺨을 때리면 왼뺨도 돌려대며, 속옷을 달라고 하면 겉옷까지 주며, 미운 자가 오 리를 가자고 하면 십 리까지 동행해 주라고 하십니다. 또한 많은 사람들이 원수를 갚아야 의롭다고 생각하는데 하나님께서는 원수도 사랑하라, 섬기고 낮아지라 하십니다(마 5:39~44).

그렇기 때문에 모든 생각을 깨뜨리고 성령의 감동함 속에 말씀을 양식 삼아야 합니다. 그럴 때 생명과 능력이 되어 비진리를 벗어 버릴 수 있고 영생의 길로 인도받게 됩니다.

일반적으로 고기를 불에 구우면 맛도 좋을 뿐만 아니라 세균 감염을 막을 수 있습니다. 마찬가지로 성령의 감동함으로 꿀송이와 같이 달게 하나님 말씀을 듣고 양식 삼는 사람에게는 원수 마귀 사단이 틈타지 못합니다. 그러니 모든 문제가 해결되고 질병이 떠나며 화평하고 행복한 삶, 아름다운 가정으로 변화될 수 있습니다.

더불어 어린 양의 머리와 정강이, 내장을 다 먹으라고 말씀하셨습니다.

성경 안에는 천지 창조의 기원과 인간 경작의 섭리가 모두 기록되어 있습니다. 뿐만 아니라 하나님의 참 자녀가 되는 방법과 만세 전에 감추어 놓으신 구원의 섭리 등 하나님의 뜻이 모두 담겨 있지요. 머리와 내장, 정강이를 다 먹으라는 것은 이러한 성경을 창세기로부터 시작해서 마지막 요한계시록에 이르기까지 하나도 빼지 말고 통째로 먹어야 한다는 의미입니다.

아침까지 남겨두지 말며 급히 먹으라

이스라엘 백성은 가정에서 어린 양의 고기를 불에 구워 먹되 아침까지 남겨 두지 않았습니다. 출애굽기 12장 10절에 "아침까지 남겨두지 말며 아침까지 남은 것은 곧 소화하라" 말씀하셨기 때문입니다.

아침은 어둠이 물러가고 빛이 임하는 때로서 영적으로는 다시 오리라 약속하신 주님의 강림의 때를 뜻합니다. 주님께서 오신 다음에는 기름 준비를 할 수 없으므로(마 25:1~13) 그 전에 하나님 말씀을 부지런히 양식 삼아 행하라는 의미입니다. 또한 인생은 강건해야 칠, 팔십이며 언제 생명의 기한이 다할는지 알 수 없으므로 부지런히 하나님 말씀을 양식 삼아야 합니다.

이스라엘 백성은 장자의 재앙이 임한 후에 서둘러 애굽을 탈출해야 할 상황이었기에 하나님께서 급히 먹으라고 당부하셨습니다.

"너희는 그것을 이렇게 먹을지니 허리에 띠를 띠고 발에 신을 신고 손에

지팡이를 잡고 급히 먹으라 이것이 여호와의 유월절이니라"(출 12:11)

이는 의복을 정제하고 신을 신은 뒤 목적지를 향해 출발하는 것처럼 준비된 모습을 갖추라는 말씀입니다. 허리에 띠를 띠고 발에 신을 신는 것은 의복을 완전히 갖추어 입은 상태를 의미합니다.

슬픔과 고통으로 얼룩진 애굽과 같은 세상에서 예수 그리스도를 통해 구원받고 약속의 땅 가나안과 같은 천국을 향해 가기 위해서는 우리도 늘 깨어서 준비된 모습을 갖추어야 합니다.

또한 손에 지팡이를 잡고 급히 먹으라고 말씀하셨는데 지팡이는 영적으로 믿음을 의미합니다. 하나님께서는 모세에게 영적으로 믿음을 의미하는 지팡이를 주셨습니다. 이스라엘 백성으로 하여금 눈에 보이는 지팡이를 통하여 보이지 않는 하나님의 권능을 체험하며 출애굽할 수 있도록 역사하셨던 것입니다.

오늘날도 영원한 천국에 이르기 위해서는 믿음이 있어야 합니다. 아무 죄 없이 십자가에 달려 죽으셨다가 부활하신 주님을 믿으며 주님의 살과 피를 먹고 마심으로 하나님 말씀대로 행해야 온전한 구원에 이를 수 있습니다.

더구나 주님께서 다시 오실 날이 심히 가까운 마지막 때를 살아가는 성도들은 하나님 말씀에 순종하며 불같이 기도해야 어둠의 세력과 대항하여 항상 승리하는 영적인 장수가 될 수 있습니다.

"그러므로 하나님의 전신갑주를 취하라 이는 악한 날에 너희가 능히 대적하고 모든 일을 행한 후에 서기 위함이라 그런즉 서서 진리로 너희 허리띠를 띠고 의의 흉배를 붙이고 평안의 복음의 예비한 것으로 신을 신고 모든 것 위에 믿음의 방패를 가지고 이로써 능히 악한 자의 모든 화전을 소멸하고 구원의 투구와 성령의 검 곧 하나님의 말씀을 가지라"(엡 6:13~17)

8장

할례와 성찬예식

> 여호와께서 모세와 아론에게 이르시되
> 유월절 규례가 이러하니라 …
> 할례받지 못한 자는 먹지 못할 것이니라
> 본토인에게나 너희 중에 우거한 이방인에게나
> 이 법이 동일하니라 …
> 그 같은 날에 여호와께서 이스라엘 자손을
> 그 군대대로 애굽 땅에서 인도하여 내셨더라
> (출 12:43~51)

유월절은 세계에서 가장 오래된 절기로 약 3,500년이 넘도록 지켜왔으며 이스라엘 국가 설립의 중요한 바탕이 되었습니다.

유월(逾越, pass over)이란 히브리어로 '페사크'라고 하며, '지나간다, 넘어간다, 용서한다'라는 뜻으로, 애굽에 장자의 재앙이 임하였을 때에 이스라엘 백성의 집에는 죽음의 사자가 넘어갔음을 의미합니다.

오늘날도 이스라엘에서는 유월절이 다가오면 집 안을 청소하며 누룩이 든 음식물이 있는지 점검합니다. 심지어 어린이들도 손전등을 켜고 침대 밑이나 가구 뒤를 살펴 빵이나 과자와 같이 누룩이 들어가 발효된 음식물이 있는지 살필 정도라고 합니다. 또한 각 가정마다 유월절 규례를 따라 식사를 하며 가장의 인도로 출애굽 사건을 돌아봅니다.

"왜 이 밤에 우리는 맛짜(누룩 없는 빵, 무교병)를 먹습니까?"
"왜 이 밤에 우리는 쓴 나물을 먹습니까?"
"왜 우리는 이 밤에 파슬리를 소금물에 두 번 찍어 먹습니까? 또 쓴 나물을 하로셋(갈색의 쨈 일종, 애굽에서 벽돌 굽던 것을 의미)에 찍어 먹습니까?"
"왜 우리는 유월절 음식을 뒤로 비스듬히 기대어 먹습니까?"

인도자는 이스라엘 백성이 애굽을 급히 떠나야 하는 상황에서 무교병을 먹을 수밖에 없었던 사실을 설명해 줍니다. 그리고 애굽에서의 노예 생활의 고통을 잊지 않기 위하여 쓴 나물을 먹는 것과, 그때 흘린 눈물을 기억하며 소금물에 파슬리를 찍어 먹는다고 말해 줍니다.

그러나 이제는 노예 생활에서 해방되어 자유로운 백성으로서 뒤로 기대어 먹어도 될 만큼 여유와 기쁨이 있다는 사실을 표현하기 위하여 비스듬히 기대어 편히 음식을 먹는다고 합니다.

이때 인도자가 애굽에 임했던 열 재앙에 관한 이야기를 하는 동안 가족들은 재앙의 이름이 나올 때마다 약간의 포도주를 입에 머금고 있다가 준비된 그릇에 뱉는다고 합니다.

출애굽이 약 3,500년 전의 사건이지만, 유월절 식사를 통하여 아이들에게 간접 경험할 수 있게 하는 것이지요. 이처럼 유대인들은 수천 년 전에 하나님께서 정하신 절기를 오늘날도 철저히 지키고 있습니다. 나라를 잃고 세계 각지로 흩어진 이스라엘 백성이 약 1,900년 만에 잃어버린 나라를 재건할 수 있었던 힘도 바로 여기에 있습니다.

유월절 의식에 참여할 수 있는 자격

애굽에 장자의 재앙이 임하던 밤, 이스라엘 백성은 하나님 말씀에 순종하여 죽음을 면하였습니다. 그런데 출애굽 이후 이스라엘 백성이 유월절 의식에 참여하기 위해서는 한 가지 조건을 갖추어야 했습니다. 하나님께서는 출애굽기 12장 43~49절에 이에 대해 자세히 말씀하십니다.

"유월절 규례가 이러하니라 이방 사람은 먹지 못할 것이나 각 사람이 돈으로 산 종은 할례를 받은 후에 먹을 것이며 거류인과 타국 품꾼은 먹지 못하리라 … 타국인이 여호와의 유월절을 지키고자 하거든 그 모든 남자는 할례를 받은 후에야 가까이하여 지킬지니 곧 그는 본토인과 같이 될 것이나 할례받지 못한 자는 먹지 못할 것이니라 본토인에게나 너희 중에 우거한 이방인에게나 이 법이 동일하니라"

이처럼 할례를 받은 사람이라야 유월절 의식에 참여할 수 있었으니 할례는 생명과 직결된 매우 중요한 의식입니다.

할례란 이스라엘의 남자아이가 태어난 지 8일이 되면 성기 끝의 표피, 즉 겉가죽을 잘라내는 의식으로서 오늘날의 포경수술과 같습니다.

창세기 17장 9~10절을 보면 "하나님이 또 아브라함에게 이르시되 그런즉 너는 내 언약을 지키고 네 후손도 대대로 지키라 너희 중 남자는 다 할례를 받으라 이것이 나와 너희와 너희 후손 사이에 지킬 내 언약이니라" 했습니다.

하나님께서는 믿음의 조상 아브라함에게 축복의 언약을 세우면서 그 증거로 할례를 요구하셨습니다. 그래서 할례를 받지 않으면 하나님의 언약의 축복을 받을 수 없었습니다.

"너희는 양피를 베어라 이것이 나와 너희 사이의 언약의 표징이니라 대대로 남자는 집에서 난 자나 혹 너희 자손이 아니요 이방 사람에게서 돈으로 산 자를 무론하고 난 지 팔 일 만에 할례를 받을 것이라 … 할례를 받지 아니한 남자 곧 그 양피를 베지 아니한 자는 백성 중에서 끊어지리니 그가 내 언약을 배반하였음이니라"(창 17:11~14)

그러면 왜 태어난 지 8일 만에 할례를 받으라고 명하셨을까요?

약 10개월 동안 모태에 있던 태아가 출생하면 갑작스런 환경에 적응하기가 쉽지 않습니다. 세포들이 가장 여린 상태로 있다가 7일이 지나면 환경에 익숙해지기는 하지만 아직 활동을 시작하지 않은 상태라고 합니다.

이때 할례를 행하여 양피를 베어내면 통증이 크지 않고 상처가 빨리 아뭅니다. 성인이 된 후에는 살이 굳어 단단해진 상태이므로 그만큼 고통이 따릅니다(창 34:24~25). 그래서 하나님께서는 태어난 지 8일 만에 남자의 성기 끝에 할례를 행하여 언약의 표징을 삼으셨습니다.

생명과 직결된 할례

출애굽기 4장 24~26절을 보면 "여호와께서 길의 숙소에서 모세를 만나사 그를 죽이려 하시는지라 십보라가 차돌을 취하여 그 아들의 양피를 베어 모세의 발 앞에 던지며 가로되 당신은 참으로 내게 피 남편이로다 하니 여호와께서 모세를 놓으시니라 그때에 십보라가 피 남편이라 함은 할례를 인함이었더라" 했습니다.

하나님께서 왜 모세를 죽이려 하셨을까요?

이는 모세의 출생과 성장 과정을 알면 쉽게 이해할 수 있습니다. 그 당시 애굽에서는 이스라엘 민족을 말살하기 위해 정책적으로 남자아이가 태어나면 죽이도록 했지요. 그러나 모세의 부모는 아이를 죽이지 않고 숨겨 키우다 결국 갈 상자에 넣어 하숫가에 두었습니다. 하나님의 섭리 가운데 애굽 공주의 눈에 띄어 양자의 신분으로 왕자의 자리에 올랐기 때문에 할례를 할 수 있는 여건이 되지 않았습니다.

비록 모세가 출애굽의 지도자로 부름을 받았다 해도 아직 할례를 받지 않은 상태였기에 하나님의 사자가 그를 죽이고자 했습니다. 이처럼 할례는 생명과 직결된 것이며, 할례를 받지 않으면 하나님과 상관이 없습니다.

히브리서 10장 1절에 "율법은 장차 오는 좋은 일의 그림자요 참 형상이 아니므로" 했는데, 여기서 율법은 구약이며 장차 오는 일은 신약, 즉 예수 그리스도를 통한 복된 소식을 말합니다.

그림자와 참 형상은 하나이며 따로 존재할 수 없으므로 할례를 받지 않으면 하나님의 백성 중에서 끊어지게 된다는 말씀이 신약 시대를 사는 우리에게도 동일하게 적용됩니다. 그런데 오늘날은 육적인 행위로 구원에 이르렀던 구약 시대와는 달리 영적인 할례 곧 마음의 할례를 해야 합니다 (신 10:16).

육신의 할례와 마음의 할례

로마서 2장 28~29절에 "대저 표면적 유대인이 유대인이 아니요 표면적 육신의 할례가 할례가 아니라 오직 이면적 유대인이 유대인이며 할례는 마음에 할지니 신령에 있고 의문에 있지 아니한 것이라" 말씀했습니다. 육신의 할례는 하나의 그림자이며, 신약 시대에 와서는 실체로서 마음의 할례를 받아야 구원받을 수 있다는 의미입니다.

구약 시대에는 성령을 받지 못했으므로 마음의 비진리를 벗어 버릴 수가 없었습니다. 따라서 육신의 할례를 통하여 하나님께 속하였음을 나타내었습니다. 그러나 신약 시대에는 예수 그리스도를 영접하면 마음 안에 성령이 오셔서 진리대로 살아갈 수 있도록 도와주시므로 마음의 비진리를 버려 나갈 수 있습니다. 이렇게 마음에서 비진리를 버리는 것이 마음의 할례입니다. 마음에 할례하는 일이 구약 시대의 육신의 할례를 영적으로 계승하여 지키는 것이며, 또한 유월절을 지키는 것입니다.

"너희는 스스로 할례를 행하여 너희 마음 가죽을 베고 나 여호와께 속하라"(렘 4:4)

그러면 마음 가죽을 벤다는 것은 어떤 뜻일까요?
'하라, 하지 말라, 지키라, 버리라' 하신 하나님 말씀을 그대로 순종하여 지켜 행하는 것을 말합니다. 즉 "미워하지 말라, 판단 정죄하지 말라, 도적질하지 말라, 간음하지 말라, 악은 모양이라도 버리라" 등 하지 말라 하신 것은 하지 않고 버리라 하신 것은 버립니다. 또한 "전도하라, 기도하라, 용서하라, 사랑하라, 안식일을 지키라, 계명을 지키라" 등 하라 하신 말씀을 행하고 지키라 하신 말씀은 지켜 나감으로 마음을 진리로 채워 나가는 것을 말합니다.

마음의 할례와 온전한 구원

모세 당시 유월절 의식은 출애굽하기 직전에 장자의 재앙을 모면하기 위한 의식이었습니다. 따라서 유월절 의식에 참여했다고 해서 영원히 구원받은 것은 아닙니다. 영원한 구원을 받았다면 출애굽한 이스라엘 백성 모두가 젖과 꿀이 흐르는 가나안 땅, 곧 영적으로 믿음의 성지이며 종국에는 우리가 이르러야 할 천국을 의미하는 그곳에 들어갔겠지요.

그러나 실제로 출애굽 당시 20세가 넘는 성인들은 여호수아와 갈렙 외에는 믿음과 순종을 내보이지 못하여 40년간 광야 생활을 하다가 결국 축복의 땅 가나안에 이르지 못하고 죽음을 맞았습니다.

오늘날도 마찬가지입니다. 하나님을 알지 못한 채 살아가던 사람이 예수 그리스도를 영접하여 하나님의 자녀가 되었다 해도 그것으로 온전히 구원에 이르는 것은 아닙니다. 단순히 구원의 테두리에 들어온 것에 불과합니다.

따라서 영원한 구원을 얻기 위해서는 이스라엘 백성이 가나안 땅에 들어가기 위해 40년의 연단과정이 필요했듯이 하나님 말씀으로 마음의 할례를 행하는 과정이 필요한데 이것이 바로 신앙생활입니다.

예수 그리스도를 영접하면 성령을 받게 되는데, 그렇다 해서 즉시 마음이 완전히 깨끗해지지는 않습니다. 마음의 할례를 계속해 나감으로 생명의 근원인 마음을 지킬 때라야 온전한 구원에 이를 수 있습니다.

마음의 할례의 중요성

우리가 더럽고 추한 죄와 악을 하나님 말씀으로 씻어내고 성령의 검으로 잘라내야 거룩한 하나님의 자녀가 되어 재앙과 상관없는 삶을 영위할 수 있습니다.

또한 영적인 전쟁에서 승리하기 위해서도 마음의 할례를 해야 합니다. 눈에 보이지 않지만 이 세상에는 하나님께 속한 선한 영들과 하나님을 대적하는 악한 영들 사이에 치열한 전쟁이 계속되고 있습니다.

에베소서 6장 12절을 보면 "우리의 씨름은 혈과 육에 대한 것이 아니요 정사와 권세와 이 어두움의 세상 주관자들과 하늘에 있는 악의 영들에게 대함이라" 말씀하셨습니다. 이러한 영적 싸움에서 승리하기 위해서는 반드시 마음의 정결함이 필요합니다. 영계에서는 죄가 없는 것이 힘이기 때문입니다. 그래서 하나님께서는 마음의 할례를 원하셨고 할례의 중요성을 깨우쳐 주셨던 것입니다.

"사랑하는 자들아 만일 우리 마음이 우리를 책망할 것이 없으면 하나님 앞에서 담대함을 얻고 무엇이든지 구하는 바를 그에게 받나니 이는 우리가 그의 계명들을 지키고 그 앞에서 기뻐하시는 것을 행함이라"(요일 3:21~22)

우리가 질병과 가난 등 모든 인생의 문제에 응답받기 위해서도 마음의 할례를 해야 합니다. 정결한 마음을 이룰 때 하나님 앞에서 책망할 것이 없으니 무엇이든지 구하는 대로 응답받을 수 있습니다.

유월절과 성찬예식

할례를 행할 때 구원의 길인 유월절 의식에 참여할 수 있는데, 이는 오늘날의 성찬예식과도 결부됩니다. 유월절이 어린 양의 고기를 먹는 절기라면, 성찬예식은 예수님의 살과 피를 의미하는 떡과 포도주를 먹고 마시는 의식입니다.

"인자의 살을 먹지 아니하고 인자의 피를 마시지 아니하면 너희 속에 생명이 없느니라 내 살을 먹고 내 피를 마시는 자는 영생을 가졌고 마지막 날에 내가 그를 다시 살리리니"(요 6:53~54)

여기서 '인자'는 예수님을 가리키고 '인자의 살'은 성경 66권 하나님의 말씀이며 '인자의 살을 먹는다'는 말은 성경에 기록된 하나님의 진리 말씀을 마음에 양식 삼는 것을 의미합니다. 음식물의 소화를 돕기 위해서는 수분을 섭취해야 하듯이 인자의 살을 먹을 때도 인자의 피를 함께 마셔야만 소화를 잘 시켜 영생할 수 있습니다.

여기서 '인자의 피를 마신다'는 의미는 하나님 말씀을 진정으로 믿고 그 말씀대로 지켜 행하는 것을 말합니다. 하나님 말씀을 들어 알면서도 행하지 않는다면 아무 소용이 없습니다. 성경 66권에 기록된 하나님 말씀을 양식 삼고 행해 나갈 때 진리가 마음에 들어와 양분으로 흡수되고 모든 죄악들은 찌꺼기로 배설되므로 진리의 사람이 되어 영생을 얻게 됩니다.

예를 들어, '사랑'이라는 진리의 양분을 양식 삼아 행해 나가면 이 말씀이 양분으로 흡수되면서 이와 반대되는 미움이나 질투의 마음은 찌꺼기로 배설되고 온전한 사랑의 마음이 됩니다. 또한 우리 마음 안에 화평과 의를 채워 나갈 때 다툼이나 분쟁, 원망과 시비, 불의 등이 물러가지요. 이러한 원리로 다른 모든 악들도 마음에서 버리는 만큼 깨끗한 마음으로 변화됩니다.

성찬예식에 참여할 수 있는 자격

출애굽한 이스라엘 백성은 할례를 받아야 유월절 의식에 참여할 수 있었습니다. 오늘날 우리는 예수 그리스도를 영접하여 성령을 받을 때 하나님의 자녀로 인침 받은 것이니 성찬예식에 참여할 자격을 갖게 됩니다.

그런데 유월절은 장자의 재앙을 면하기 위한 순간의 구원이었기에 온전한 구원을 위한 광야의 행진이 필요했듯이 성령을 받아 성찬예식에 참여할 수 있다 해도 이후로 영원히 구원받기 위한 과정이 필요합니다. 곧 예수 그리스도를 영접하여 구원의 문에 들어왔으니 계속하여 말씀에 순종하여 온전한 구원을 향해 나아가야 합니다.

만일 범죄하였다면 거룩하신 주님의 살과 피를 먹고 마시는 성찬예식에 참여할 수 없으며, 자신을 돌아보아 죄를 회개하고 깨끗한 중심이 되어 참여해야 합니다.

"누구든지 주의 떡이나 잔을 합당치 않게 먹고 마시는 자는 주의 몸과 피를 범하는 죄가 있느니라 사람이 자기를 살피고 그 후에야 이 떡을 먹고 이 잔을 마실지니 주의 몸을 분변치 못하고 먹고 마시는 자는 자기의 죄를 먹고 마시는 것이니라"(고전 11:27~29)

어떤 사람들은 물세례를 받은 사람만이 성찬예식에 참여할 수 있다고 말합니다. 그러나 예수 그리스도를 영접하면 누구든지 성령을 선물로 받아 하나님의 자녀가 되는 권세를 얻게 됩니다. 따라서 성령을 받고 하나님의 자녀가 되었다면 아직 물세례를 받지 않았다 해도 죄를 회개한 후 성찬예식에 참여할 수 있습니다.

우리는 성찬예식을 통해 십자가에 달려 피 흘려 주신 주님의 은혜를 다시 한 번 깨닫고 자신을 돌아보며, 열심히 하나님 말씀을 양식 삼아 지켜 행해야 합니다. 고린도전서 11장 23~25절을 보면 "주 예수께서 잡히시던 밤에 떡을 가지사 축사하시고 떼어 가라사대 이것은 너희를 위하는 내 몸이니 이것을 행하여 나를 기념하라 하시고 식후에 또한 이와 같이 잔을 가지시고 가라사대 이 잔은 내 피로 세운 새 언약이니 이것을 행하여 마실 때마다 나를 기념하라" 말씀했습니다.

그러므로 유월절과 성찬예식의 참 의미를 깨달아 열심히 주님의 살과 피를 먹고 마심으로 악은 모양이라도 버리고 온전히 마음의 할례를 이루어야 하겠습니다.

9장

출애굽과 무교절

> 너희는 칠 일 동안 무교병을 먹을지니 …
> 유교병을 먹는 자는 이스라엘에서 끊쳐지리라 …
> 너희는 무교절을 지키라 이 날에 내가
> 너희 군대를 애굽 땅에서 인도하여 내었음이니라
> 그러므로 너희가 영원한 규례를 삼아
> 이 날을 대대로 지킬지니라 …
> (출 12:15~20, 13장)

"용서하자, 그러나 잊지는 말자."

예루살렘에 있는 야드 바셈 홀로코스트 박물관 입구에 적힌 글귀입니다. 2차 세계대전 당시 나치스에 희생된 600만 명의 유대인을 추모하며, 홀로코스트(대학살)에 대한 기억을 잊지 않고, 다시는 뼈아픈 역사를 되풀이하지 않기 위해 기록한 글입니다.

이스라엘의 역사는 되새김의 역사라 해도 과언이 아닙니다. 성경을 보면 지난 일들을 기억하여 마음에 새기고 대대로 지키며 기념할 것을 당부하신 말씀이 많습니다.

유월절 규례를 지킴으로 죽음의 재앙을 면하고 출애굽한 이스라엘 백성에게 하나님께서는 대대로 무교절을 지키라 말씀하셨습니다. 노예 생활에서 해방된 날을 잊지 말고 영원히 기억하게 하신 것입니다.

출애굽의 영적인 의미

출애굽은 단순히 수천 년 전 이스라엘 백성에게 있었던 해방의 날만을 의미하지 않습니다. 이스라엘 백성이 살았던 '애굽'은 영적으로 볼 때 원수 마귀 사단이 주관하고 있는 '세상'을 뜻합니다. 이스라엘 백성이 애굽에서 노예 생활을 하며 천대받고 고통받았듯이 사람들은 하나님을 알지 못할 때 원수 마귀 사단이 가져다주는 온갖 고통과 질병, 슬픔 등을 겪으며 살아갑니다.

모세에 의해 나타나는 열 재앙을 통해 하나님의 권능을 체험한 이스라엘 백성은 자신들의 조상인 아브라함에게 약속하신 가나안 땅으로 가기 위해 모세를 따라 출애굽하였습니다.

이스라엘 백성이 종살이 하던 애굽을 떠난 것은 오늘날 하나님을 알지 못한 채 살아가다가 예수 그리스도를 영접한 사람들의 모습과 동일합니다. 마치 원수 마귀 사단의 종노릇을 하다가 예수 그리스도를 영접하여 하나님 자녀가 된 것과 같지요.

그리고 이스라엘 백성이 젖과 꿀이 흐르는 가나안 땅을 향하는 여정은 마치 천국을 향해 신앙생활이라는 믿음의 대장정을 하는 성도들의 모습이라 할 수 있습니다.

젖과 꿀이 흐르는 가나안 땅을 향하여

하나님께서는 이스라엘 백성을 곧장 가나안 땅으로 인도하지 않고, 광야 길로 돌아가게 하셨습니다. 애굽에서 가나안 땅을 향해 가는 지름길에는 블레셋이라는 강대한 족속이 버티고 있었기 때문입니다. 그 땅을 통과하려면 블레셋과의 전쟁이 불가피했습니다. 만일 전쟁을 하게 된다면 믿음이 작은 백성이 두려워서 다시금 애굽으로 돌아가려고 할 것을 아셨던 것입니다.

마찬가지로 이제 막 예수 그리스도를 영접한 사람은 당장에 참된 믿음이 주어지는 것이 아니므로 강대한 블레셋과 같은 큰 시험이 다가오면 통과하지 못하고 다시 세상을 향할 수 있습니다.

그러나 고린도전서 10장 13절을 보면 "사람이 감당할 시험밖에는 너희에게 당한 것이 없나니 오직 하나님은 미쁘사 너희가 감당치 못할 시험 당함을 허락지 아니하시고 시험 당할 즈음에 또한 피할 길을 내사 너희로 능히 감당하게 하시느니라" 말씀합니다.

이스라엘 백성이 가나안 땅에 이르기까지 광야 길로 행군한 것처럼, 비록 하나님의 자녀가 되었다 해도 가나안 땅이라는 천국에 이르기까지는 믿음의 여정이 기다리고 있습니다.

비록 그 길이 험난한 광야 길이라 해도 애굽에서 누릴 수 없었던 자유와 평안과 풍요로움이 기다리고 있기 때문에 이스라엘 백성은 가나안 땅을 향해 나아갔습니다. 우리도 마찬가지입니다. 때로는 어렵고 힘든 좁은 길을 간다 해도 장차 주어질 아름다운 천국을 믿음으로 바라보기에 힘들다 하지 않으며 하나님의 도우심과 능력을 힘입어 승리해 나갑니다.

이스라엘 백성은 젖과 꿀이 흐르는 가나안 땅을 향하여 출발했습니다. 400년이 넘도록 일궈 온 삶의 터전을 뒤로 하고 모세의 지휘 아래 믿음의 행진을 시작한 것입니다. 가축들을 이끄는 사람들, 애굽 사람들에게 얻은 의복과 은금 패물을 실어 운반하는 사람들, 발효시키지 못한 떡 반죽과 그릇을 옷가지에 싸서 짊어진 사람들, 아이들과 노인들을 챙기는 사람들…. 급히 출애굽하는 이스라엘 백성의 행렬이 끝없이 이어졌습니다.

"이스라엘 자손이 라암셋에서 발행하여 숙곳에 이르니 유아 외에 보행하는 장정이 육십만 가량이요 중다한 잡족과 양과 소와 심히 많은 생축이 그들과 함께하였으며 그들이 가지고 나온 발교되지 못한 반죽으로 무교병을 구웠으니 이는 그들이 애굽에서 쫓겨남으로 지체할 수 없었음이며 아무 양식도 준비하지 못하였음이었더라"(출 12:37~39)

애굽 땅에서 해방된 이 날은 자유와 소망 그리고 구원의 날이기 때문에 하나님께서는 이를 기념하여 이스라엘 백성에게 대대로 무교절을 지키도록 하셨습니다.

출애굽을 기념하는 무교절

무교절은 이스라엘의 3대 절기 중 하나로서 그들이 하나님의 도움으로 출애굽한 일을 기념하여 유월절 이후 7일 동안 무교병을 먹으며 지킵니다.

모세를 통해 많은 재앙을 당하고도 바로가 마음을 돌이키지 않음으로 결국 애굽은 장자의 재앙을 당하였습니다. 바로 자신도 아들을 잃는 슬픔을 겪었지요. 큰 슬픔에 빠진 바로는 급히 모세와 아론을 불렀습니다. 바로가 그날로 애굽을 떠나라고 재촉함으로 떡을 발효시킬 상황이 아니었기에 이스라엘 백성은 누룩을 넣지 않은 떡(무교병)을 먹었습니다. 하나님께서는 이 고난의 때를 기억하며 노예 생활에서 해방되어 자유를 누리게 된 것에 감사할 수 있도록 이후로도 무교절을 지키게 하셨습니다.

애굽에 내린 장자의 재앙에서 구원받은 일을 기념하여 양고기와 함께 쓴 나물과 무교병을 먹었던 절기가 유월절이라면, 다음날 급히 출애굽하여 광야에서 무교병을 먹은 것을 기념하는 절기가 무교절입니다. 유월절은 무교절과 매우 긴밀히 연결되어 있기 때문에 현재 이스라엘에서는 유월절과 무교절을 한 절기로 지키고 있습니다.

"유교병을 그것과 아울러 먹지 말고 칠 일 동안은 무교병 곧 고난의 떡을 그것과 아울러 먹으라 이는 네가 애굽 땅에서 급속히 나왔음이니 이같이 행하여 너의 평생에 항상 네가 애굽 땅에서 나온 날을 기억할 것이니라"(신 16:3)

"너희는 칠 일 동안 무교병을 먹을지니 그 첫날에 누룩을 너희 집에서 제하라"(출 12:15)

무교절의 영적인 의미와 교훈

여기서 첫날은 구원받은 날을 의미합니다. 장자의 재앙에서 구원받고 출애굽한 후에도 7일간 맛이 없는 무교병을 먹었듯이, 우리가 예수 그리스도를 영접하여 구원에 이른 후에도 온전한 구원에 이르기 위해서는 무교병을 먹어야 합니다.

영적으로 무교병을 먹는 것은 세상을 버리고 좁은 길을 간다는 의미입니다. 예수 그리스도를 영접하여 자신을 낮추고 겸비한 마음으로 좁은 길을 가야 온전한 구원에 이르게 됩니다. 무교병을 먹지 않고 유교병을 먹는다면 이는 자신이 원하는 대로 세상의 헛된 것을 취하며 넓고 편한 길을 가는 것이니 당연히 구원에 이르지 못합니다. 그래서 유교병을 먹는 자는 이스라엘에서 끊쳐지리라 말씀하셨습니다.

그러면 무교절이 오늘날 우리에게 주는 교훈은 무엇일까요?

첫째로, 하나님의 사랑으로 값없이 받은 구원의 은혜를 늘 기억하며

예수 그리스도의 구속의 은총에 항상 감사하는 삶을 살아야 한다는 것입니다.

이스라엘 백성은 유월절 이후 7일 동안 무교병을 먹으면서 애굽에서 노예 생활했던 시절을 되새기며 자신들을 구원하신 하나님께 감사하였습니다. 마찬가지로 영적인 이스라엘에 해당하는 우리는 죄에서 구원하고 영생의 길로 인도하신 하나님 은혜와 사랑을 되새기며 범사에 감사해야 합니다.

우리가 하나님을 만나고 체험한 날, 물과 성령으로 새롭게 태어난 날을 기념하며 그 은혜에 감사하는 일이 바로 무교절을 지키는 것과 같습니다. 정녕 마음이 선한 사람은 받은바 은혜를 결코 잊지 않는데, 이것이 사람의 도리요 아름다운 마음입니다. 혹여 눈에 보이는 현실은 어렵다 해도 자신을 만나 주신 하나님의 사랑을 잊지 않는 사람은 구원의 은혜에 감사하여 늘 기뻐할 수 있습니다.

B.C. 600년경 유다의 요시야 왕 때에 활동했던 하박국 선지자가 그러했습니다.

"비록 무화과나무가 무성치 못하며 포도나무에 열매가 없으며 감람나무에 소출이 없으며 밭에 식물이 없으며 우리에 양이 없으며 외양간에 소가 없을지라도 나는 여호와를 인하여 즐거워하며 나의 구원의 하나님을 인하여 기뻐하리로다"(합 3:17~18)

하박국은 갈대아(바벨론) 제국의 위협을 받고 있던 조국 유다를 바라보며 기울어 가는 민족의 운명 앞에서 절망하기보다 오히려 감사의 찬미를 올렸습니다. 이처럼 환경이 어떠하든지 하나님의 은혜로 값없이 구원받았다는 사실 한 가지만으로도 우리는 마음 중심에서 기뻐하고 감사할 수 있습니다.

둘째로, 구태의연한 신앙에 안주하거나 무미건조한 신앙생활을 해서는 안 된다는 것입니다.

구태의연한 신앙이란 별다른 발전 없이 옛 모습 그대로 안주해 있는 상태로서, 마음의 할례가 없는 형식적이고 습관적인 신앙 곧 미지근한 신앙을 의미합니다.

차가운 신앙은 징계를 통해 변화받을 가능성이라도 있습니다. 그러나 미지근한 신앙은 성령을 받아 하나님의 살아 계심을 체험했기에 하나님을 떠나지는 않지만 세상과 타협하며 죄를 버리려 하지도 않습니다.

차라리 자신의 부족함을 느낀다면 하나님께 매달려 기도라도 할 텐데 신앙이 미지근한 사람은 무사안일한 마음으로 더 이상 열심을 내지 않으며, 그저 교회만 왔다갔다합니다. 잠시 마음이 곤고하고 답답함을 느끼기도 하지만, 시간이 흐르면 이러한 마음마저도 없어집니다. 결국은 어떻게 되겠습니까?

요한계시록 3장 16절에 "네가 이같이 미지근하여 더웁지도 아니하고 차지도 아니하니 내 입에서 너를 토하여 내치리라" 말씀하신 대로 구원에 이를 수 없습니다. 그러므로 하나님께서는 때를 좇아 절기를 지키게 하시며 자신의 믿음을 점검하여 장성한 믿음의 분량에 이르도록 역사하고 계십니다.

셋째로, 첫사랑의 은혜를 항상 간직해야 하며, 혹 잃어버렸다면 어디서 떨어졌는지를 생각하고 회개하여 속히 처음 행위를 가져야 한다는 것입니다.

주님을 영접한 사람이라면 누구나 크든 작든 첫사랑의 은혜를 체험할 수 있습니다. 하나님의 은혜와 사랑이 얼마나 크고 감사한지 하루하루의 삶이 감격 자체이며, 기쁨과 행복이 넘쳐납니다.

하나님께서는 성도들의 믿음이 견고해져서 점점 더 장성한 믿음의 분량에 이르기를 원하십니다. 그런데 어느 순간 첫사랑의 은혜를 잃어버리면 예전의 열심과 사랑이 식고 기도생활도 그저 의무감 속에 합니다. 온전한 성결에 이르기 전에는 언제라도 사단에게 마음을 내어 주면 첫사랑을 잃어버릴 수 있습니다. 그러니 예전에 뜨거웠던 첫사랑의 은혜가 식었다면 그 원인을 신속하게 찾아 회개하고 돌이켜야 합니다.

흔히 신앙생활을 좁고 어려운 길이라고 하지만 신명기 30장 11절에 "내가 오늘날 네게 명한 이 명령은 네게 어려운 것도 아니요 먼 것도 아니라" 하신 대로 하나님의 참된 사랑을 깨달으면 결코 어렵지 않습니다. 장차 우리에게 주어질 영광은 현재의 고난과는 족히 비교할 수 없기에 그 영광을 바라본다면 오히려 행복합니다.

그러므로 성도들은 오직 하나님 말씀대로 순종하며 날마다 빛 가운데 살아야 합니다. 세상의 넓은 길을 택하지 않고 믿음으로 좁은 길을 택하면 젖과 꿀이 흐르는 가나안 땅에 들어갈 수 있습니다.

10장
순종의 삶과 축복

네가 네 하나님 여호와의 말씀을 삼가 듣고
내가 오늘날 네게 명하는 그 모든 명령을 지켜 행하면
네 하나님 여호와께서 너를 세계 모든 민족 위에
뛰어나게 하실 것이라
네가 네 하나님 여호와의 말씀을 순종하면
이 모든 복이 네게 임하며 네게 미치리니 …
네가 들어와도 복을 받고 나가도 복을 받을 것이니라 …
(신 28:1~14)

출애굽 당시 이스라엘의 역사는 우리에게 귀중한 교훈을 줍니다. 거역된 삶을 살았던 바로와 애굽에 재앙이 임하였듯이, 애굽을 떠나 가나안 땅을 향하던 이스라엘 백성 역시 하나님의 뜻을 거역해 나갈 때는 그 길이 형통치 못했습니다.

이스라엘 백성은 가나안을 향한 여정 중에 마실 물이 없고 먹을 양식이 떨어져 가자 원망 불평하기 시작합니다. 심지어 모세를 대적하며 금송아지를 만들어 신처럼 숭배했고 하나님께서 주신 가나안 땅에 대해 믿음으로 바라보지 못하고 악평하며 불평했습니다.

그 결과 출애굽 1세대는 여호수아와 갈렙을 제외하고 모두 광야에서 죽었습니다. 오직 여호수아와 갈렙만이 출애굽 2세대들과 함께 하나님 약속을 믿고 순종하여 젖과 꿀이 흐르는 가나안 땅에 들어갈 수 있었습니다.

젖과 꿀이 흐르는 가나안 땅에 들어가는 축복

출애굽 1세대는 애굽이라는 이방문화 속에서 나고 자라면서 하나님에 대한 믿음도 희미해지고, 억압과 학대 속에 많은 악이 심겨져 있었습니다. 하지만 출애굽 2세대는 어려서부터 하나님 말씀으로 양육받고, 무수한 권능의 역사들을 보았기 때문에 부모 세대와 많이 달랐습니다.

부모 세대가 왜 가나안 땅에 들어가지 못하고 40년간 광야에서 생활해야 했는지 오랜 세월 마음에 새겼습니다. 이들은 이제 하나님과 세우신 지도자 앞에 참된 믿음으로 순종할 만반의 준비를 마쳤습니다. 무수한 하나님의 역사를 체험하고도 끊임없이 원망했던 부모 세대와는 달리 전폭적으로 순종할 것을 맹세합니다. 곧 하나님의 뜻을 좇아 모세를 이어 지도자가 된 여호수아에게 온전히 순종하겠다고 고백하였지요.

"우리는 범사에 모세를 청종한 것같이 당신을 청종하려니와 오직 당신의 하나님 여호와께서 모세와 함께 계시던 것같이 당신과 함께 계시기를 원하나이다 누구든지 당신의 명령을 거역하며 무릇 당신의 시키시는 말씀을 청종치 아니하는 자 그는 죽임을 당하리니 오직 당신은 마음을 강하

게 하시며 담대히 하소서"(수 1:17~18)

　이처럼 이스라엘 백성이 광야에서 유리하는 40년의 세월은 징계의 시간만은 아니었습니다. 장차 가나안 땅에 들어가야 할 이스라엘 백성, 곧 출애굽 2세대가 믿음을 갖기 위한 영적인 훈련 기간이기도 했습니다.
　하나님께서는 우리를 축복하시기 전에 먼저 영적인 믿음을 가질 수 있도록 여러 가지 훈련 과정을 거치게 하십니다. 하나님 말씀대로 행하는 영적인 믿음이 아니면 구원받을 수 없고 천국에 갈 수도 없기 때문입니다.
　영적인 믿음을 갖기 전에 축복을 주시면 많은 사람이 다시 세상으로 향하게 됩니다. 그래서 하나님께서는 놀라운 권능의 역사들을 베푸시거나 때로는 불같은 시험을 허락하여 믿음이 성장하도록 인도하십니다.
　이렇게 믿음이 성장한 출애굽 2세대가 넘어야 할 첫 관문은 요단강이었습니다. 모압 평지에서 가나안 땅으로 들어가는 길목에 가로놓여 있던 요단강은 그 즈음에 강물이 범람하였습니다.
　이때 하나님께서는 제사장들에게 언약궤를 메고 백성에 앞서 행하여 강으로 들어가라고 말씀하셨습니다. 여호수아를 통해 하나님의 뜻을 전해 들은 출애굽 2세대들은 조금의 망설임도 없이 제사장들을 선두로 하여 요단강을 향해 갔습니다.
　전지전능하신 하나님을 믿으니 어떠한 의심이나 불평도 없이 순종할 수 있었습니다. 언약궤를 멘 제사장들의 발이 물가에 잠기자 이내 강의 물이 그쳤습니다. 그 결과 모두가 마른 땅으로 건널 수 있었지요.

또한 금성철벽이라 불리는 여리고 성을 무너뜨릴 때는 어떠했습니까? 오늘날과는 달리 무기가 발달하지 않은 시대에 내성과 외성으로 견고하게 쌓은 여리고 성을 무너뜨리는 것은 거의 불가능한 일이었습니다. 그런데 하나님께서는 육 일 동안 하루 한 바퀴씩 성을 돌라고 하십니다. 그리고 마지막 일곱째 날은 아침 일찍이 일어나 성을 일곱 번 돌고 큰 소리로 외치라 하셨습니다.

무장한 여리고 군사들이 성벽 위에서 촉각을 곤두세우고 있는데도 출애굽 2세대는 아무런 망설임 없이 성을 돌기 시작했습니다. 성벽 위에서 화살이 날아올 수 있고 큰 돌덩이로 공격해올 수도 있는 위태한 상황에서도 오직 순종하여 성을 돌았습니다. 결국 견고한 여리고 성도 이스라엘 백성의 순종 앞에는 힘없이 무너져 내릴 수밖에 없었습니다.

순종의 행함으로 축복을 받으려면

순종은 하나님의 놀라운 능력을 끌어내리는 통로입니다. 사람 편에서는 순종할 수 없는 일처럼 보여도 믿음이 있으면 얼마든지 순종할 수 있습니다.

순종의 행함을 나타내기 위해서는 어린 양을 불에 구워 통째로 먹듯 하나님 말씀을 성령의 감동함 가운데 듣고 온전히 양식 삼아야 합니다. 또한 이스라엘 백성이 대대로 유월절과 무교절을 기억하여 지키듯이 하나님 말씀을 늘 기억하며 마음에 새겨야 하지요. 곧 구원의 은혜에 감사하여 하나님 말씀을 통해 끊임없이 마음의 할례를 해 나감으로 죄악을 버려 나가야 합니다. 그럴 때라야 참된 믿음이 주어지며 온전한 순종의 행함이 나올 수 있습니다.

사람의 이론이나 지식, 일반적인 상식으로는 순종할 수 없는 일이라도 믿음으로 행하는 것이 하나님께서 원하시는 순종입니다. 이러한 순종이 있을 때 하나님께서는 큰 역사와 놀라운 축복으로 함께해 주십니다.

성경에는 믿음과 순종의 행함으로 하나님께 놀라운 축복을 받은 사람이 많이 나옵니다. 기드온은 하나님의 말씀에 순종하여 300명의 용사로 수많은 적을 물리쳤습니다. 요셉은 오직 계명대로 순종하여 애굽의 총리가 되는 축복을 받았습니다. 믿음의 조상 아브라함의 삶을 통해서도 하나님께서 순종의 사람을 얼마나 기뻐하며 축복하시는지 잘 알 수 있습니다.

믿음의 조상 아브라함이 받은 축복

창세기 12장 1~2절을 보면 하나님께서 아브라함에게 "너는 너의 본토 친척 아비 집을 떠나 내가 네게 지시할 땅으로 가라 내가 너로 큰 민족을 이루고 네게 복을 주어 네 이름을 창대케 하리니 너는 복의 근원이 될지라" 말씀하십니다.

이때 아브라함의 나이는 75세로 적은 나이가 아니었습니다. 게다가 당시 대를 이을 자녀가 없었던 그가 소중한 일가친척을 떠난다는 것은 결코 쉬운 일이 아니었지요. 가야 할 땅을 정해 주신 것도 아니며, 무작정 본토 친척 아비 집을 떠나라 명하시니 인간적인 생각을 동원하면 참으로 순종하기 어려운 상황이었습니다.

그동안 일구어 놓은 삶의 기반을 하루아침에 버리고 낯선 타향으로 가야 합니다. 미래에 대한 확실한 보장이 있다 해도 평생을 살아온 터전을 떠나기가 쉽지 않은데 미래가 불투명할 때 과감히 떠날 수 있는 사람이 얼마나 되겠습니까? 그러나 아브라함은 하나님 말씀에 무조건 순종하였습니다.

이러한 아브라함의 순종이 더욱 빛을 발하는 사건이 있었습니다. 하나님께서는 그에게 축복 주기 위한 시험을 허락하셨습니다. 곧 백 세에 낳은 독자 이삭을 번제로 바치라고 명하셨지요. 눈에 넣어도 아프지 않을 만큼 소중한 아들이었지만 아브라함은 이때에도 주저함 없이 순종하였습니다.

하나님께서 말씀하신 바로 다음 날, 아브라함은 일찍이 일어나서 번제를 드릴 채비를 한 다음 이삭을 데리고 하나님께서 지시하시는 곳으로 갔습니다(창 22:3). 이는 "본토를 떠나라" 하신 말씀에 순종했던 차원보다 훨씬 깊은 차원의 순종이었습니다. 본토를 떠날 때는 하나님의 뜻을 알지 못한 채 무조건 순종했다면, "이삭을 번제로 드리라" 하실 때는 능히 하나님의 마음을 헤아려서 순종했습니다. 이삭은 하나님께서 주신 약속의 씨이니 설령 짐승처럼 잡아 번제로 드린다 해도 하나님께서 다시 살리실

줄을 믿었기 때문입니다(히 11:17~19).

이러한 아브라함의 믿음을 기뻐하신 하나님께서는 번제로 드릴 제물로 숫양을 미리 준비하셨고, 이 시험을 통과한 아브라함을 '하나님의 벗'이라 칭하며 놀라운 축복을 주셨습니다.

오늘날 이스라엘이 위치한 근동지방은 물이 귀한데 당시에도 마찬가지였습니다. 그러나 아브라함이 가는 곳에는 늘 물이 풍부했으며 동거하던 조카 롯까지 더불어 축복을 받음으로 소유가 넘쳐났습니다.

아브라함에게는 육축과 은금이 풍부했는데 당시 육축이 많다는 것은 풍족한 양식과 부를 의미합니다. 조카 롯이 포로로 잡혀 갔을 때 그가 집에서 기르고 연습한 자 318인을 거느리고 구출하러 간 사실만 보아도 얼마나 부유했는지 잘 알 수 있습니다.

하나님 말씀에 순종하는 아브라함으로 인해 그 땅과 지역이 함께 복을 받았고 그와 함께하는 사람도 더불어 복을 받았습니다. 또한 아브라함으로 인해 그의 아들 이삭이 복을 받아 이후 한 민족을 이룰 정도로 창대케 되었습니다. 더욱이 하나님께서는 아브라함을 축복하는 사람에게는 복을 내리고 저주하는 사람에게는 저주를 내리겠다고 하셨습니다. 그래서 주변 나라의 왕들이 함부로 하지 못할 정도로 존귀히 여김을 받았습니다.

아브라함은 부귀와 명예, 권세, 건강, 자녀 등 이 땅에서 누릴 수 있는 모든 복을 받았습니다. 신명기 28장에 기록된 대로 들어와도 나가도 복을 받는 사람이 되었지요.

뿐만 아니라 하나님의 참 자녀로서 복의 근원이요 믿음의 조상이 되었으며, 나아가 아버지 하나님의 마음을 깊이 헤아려 그 마음을 함께 나눌 수 있는 벗이 되었으니 얼마나 영광된 축복입니까?

하나님께서는 사랑이시기 때문에 모든 사람이 아브라함과 같이 복되고 영광스러운 자리에 이르기를 원하십니다. 그래서 성경을 통해 아브라함에 대한 기록을 자세히 남겨 놓으신 것이며, 누구든지 아브라함의 행적을 본받아 하나님 말씀에 순종하면 들어와도 나가도 복을 받는 사람이 될 수 있습니다.

축복 주기를 원하시는 하나님의 사랑과 공의

지금까지 애굽에 내린 열 재앙과 하나님께서 이스라엘 백성에게 제시하신 구원의 길인 유월절 의식에 대해 살펴봄으로 왜 우리에게 재앙이 임하며 어떻게 하면 재앙을 면하고 구원받을 수 있는지에 대해 알게 되었습니다.

우리가 어떤 문제나 질병으로 고통받고 있다면 마음의 악으로 인한 것임을 깨닫고 신속히 자신을 돌아보아 회개하고 돌이켜 모든 악을 벗어 버려야 할 것을 말씀드렸지요. 또한 아브라함을 통해 순종의 삶을 살 때 하나님께서 얼마나 놀라운 축복으로 함께하시는지를 알 수 있었습니다.

앞서 살펴본 대로 모든 재앙에는 반드시 이유가 있습니다. 그 이유를 얼마나 마음으로 깨닫고 돌이켜 변화되느냐에 따라 결과는 크게 달라집니다. 단지 잘못에 대한 대가를 치르는 차원에 머무르는 사람도 있고, 이를 통해 자신에게 있는 어둠이나 악을 발견하고 벗어 버림으로 축복의 기회로 삼는 사람도 있습니다.

신명기 28장을 보면 하나님 말씀에 순종할 때 임하는 축복과 거역할 때 임하는 저주에 대해 대조적으로 알려 주고 있습니다. 하나님께서는 축복 주기를 원하시지만 "내가 오늘날 복과 저주를 너희 앞에 두나니"(신 11:26) 말씀하신 대로 그 선택은 자신에게 달려 있습니다. 콩을 심으면 콩이 나듯이 자신이 행한 죄의 결과로 인해 재앙을 만나는 것입니다. 물론 이때 재앙은 원수 마귀 사단이 가져다 주는 것이지요. 하나님께서는 심은 대로 거두게 하시는 공의 가운데 재앙을 허락하실 수밖에 없습니다.

'열심히 공부해라, 바르게 살아라, 교통법규를 잘 지켜야 한다.'라고 가르치며 자녀가 잘되기를 원하는 부모의 심정으로 하나님께서는 우리에게 계명을 주시며 순종하기를 원하십니다. 자녀가 부모의 가르침을 거역하여 불행해지는 것이 부모의 뜻이 아니듯 재앙을 만나는 것은 결코 하나님의 뜻이 아닙니다.

하나님께서 우리에게 향하신 뜻은 재앙이 아니라 축복이라는 사실을 깨달아 오직 순종의 삶을 영위함으로 들어와도 나가도 복 있는 사람이 되시기를 주님의 이름으로 축원합니다.

거역된 삶과 순종의 삶

초판 1쇄 발행 2007년 7월 22일
3판 1쇄 발행 2022년 8월 29일

지은이　이재록
발행인　김진홍
편집인　빈금선

발행처　우림북
　(영업부) TEL 02)818-7241
　　　　　FAX 02)851-3854

등록번호　제 2009-000029호

Copyright ⓒ 2022 우림북
판권 본사 소유 | 파본은 교환해 드립니다.

값 7,000원

ISBN 978-89-7557-110-7
ISBN 978-89-7557-067-4(set)

우림

우림은 구약 시대에 대제사장이 하나님의 뜻을 묻기 위해 사용하던 판결 흉패이며,
히브리어로 '빛'이라는 의미가 있습니다(출애굽기 28:30).
빛은, 곧 하나님 말씀이며 생명입니다.
우림북은 온 누리에 참 빛을 비추고자 오늘도 기도와 정성으로 문서선교 사역에 앞장서고 있습니다.